Digitalization & Energy
数字化与能源

国际能源署（IEA）/著
中国科学院武汉文献情报中心/组织翻译
陈 伟 郭楷模 岳 芳 等/译

科学出版社

北 京

图字：01-2019-4020 号

Mandarin Chinese Translation of Digitalization & Energy © OECD/IEA, 2019

未经事先书面许可，不得复制、翻译或使用本作品的全部或任何部分内容。相关申请应该发送到：rights（@iea.ora）

《数字化与能源》中文简体翻译自原版官方英文文本。IEA 是该书英文原版的作者，对该译文的准确性、完整性概不负责。中文简体版由中国科技出版传媒股份有限公司（科学出版社）翻译出版。

图书在版编目（CIP）数据

数字化与能源 / 国际能源署（IEA）著；陈伟等译. —北京：科学出版社，2019.7

书名原文：Digitalization & Energy

ISBN 978-7-03-061765-1

Ⅰ. ①数… Ⅱ. ①国… ②陈… Ⅲ. ①数字技术-应用-能源发展 Ⅳ. ①F407.2-39

中国版本图书馆 CIP 数据核字（2019）第 129000 号

责任编辑：石 卉 吴春花/责任校对：王 瑞
责任印制：李 彤/封面设计：有道文化

科 学 出 版 社 出版
北京东黄城根北街 16 号
邮政编码：100717
http://www.sciencep.com

北京虎彩文化传播有限公司 印刷
科学出版社发行 各地新华书店经销

*

2019 年 7 月第 一 版 开本：720×1000 1/16
2024 年 1 月第五次印刷 印张：11
字数：200 000

定价：198.00 元
（如有印装质量问题，我社负责调换）

国际能源署（International Energy Agency，IEA）很高兴为中国读者提供《数字化与能源》这份开创性报告的中文版。这一跨学科的研究工作分析了数字技术与能源行业之间相互作用带来的机遇和挑战。在像中国这样充满活力的国家，这种相互作用更具有影响力，如同"互联网+"智慧能源战略及相关示范项目所展示的那样。我们非常希望这份全球趋势与问题分析报告能够有助于中国广大利益相关方构建新的能源互联网。

法提赫·比罗尔
国际能源署署长

前 言

数字技术已经渗透进现代人类生活，影响着从工作、出行到生活、娱乐等各个方面。数字化拥有提高全球能源系统安全性、生产力、效率和可持续性的巨大潜力，但同时也引发了诸如安全性、隐私和经济波动等问题。

国际能源署多年来持续关注数字化与能源之间的相互关系，并且在2011年和2017年编制了智能电网路线图。同时，国际能源署还持续跟踪电动汽车和智能充电设施的进展，并分析了可再生能源并网和互联设备的能耗问题。

我们发现，对于多个能源行业而言，数字化的重要性日趋凸显。而且，随着数字技术的飞速发展，还出现了很多未知问题，如随着时间的推移，这些数字技术、行为和政策将如何演变，以及这些变化在未来将会如何影响能源系统。

为确保以系统化和协调一致的方式开展相关工作，我在2016年组建了一个数字化与能源跨部门工作组。通过汇集各部门专家的智慧，我们正式发布了首份数字化与能源综合性研究报告。

我们的目的是针对目前的发展现状提供精确和均衡的观点。同时，我们已开始利用现有的分析工具描绘未来可能发生的趋势图景。除了本书，我们还开发了一个交互式网页[①]，供读者来获取更多的研究信息。

本书的编写从国际能源署成员国、联盟国、伙伴国，以及诸多能源和科技公司（包括国际能源署能源商业理事会的成员单位）的指导与反馈意见中获益

---

① www.iea.org/digital.——译者注

良多。所有上述国家政府和企业均在探讨数字化对整体能源系统带来的机遇与挑战。

我们希望，本书能够帮助全球所有参与者更清晰地认识这一快速变化的数字化与能源世界。

法提赫·比罗尔
国际能源署署长

致　　谢

本项研究由国际能源署组建的一个数字化与能源跨部门工作组完成,参与人员来自所有相关的业务部门。国际能源署可持续发展、技术与展望部门(代理)主任、能源环境部门负责人 Dave Turk,以及用能展望部门负责人 Laura Cozzi 设计和指导了本项研究。

第 2 章(数字化对交通运输业、建筑业和工业用能的影响)和第 3 章(数字化对油气、煤炭和电力供应的影响)由 Ellina Levina 协调 Stéphanie Bouckaert(建筑业)、John Dulac(建筑业)、Carlos Fernandez Alvarez(煤炭行业)、Araceli Fernandez Pales(工业)、George Kamiya(交通运输业)、Markus Klingbeil(石油和天然气[①])、Brent Wanner(电力行业)等撰写。第 4 章(全系统影响:从能源孤岛到数字互联系统)由 Vincenzo Franza 和 Luis Munuera 牵头撰写。第 5 章(信息和通信技术的能源消耗)由 George Kamiya 和 Eric Masanet 牵头撰写。第 6 章(跨领域风险:网络安全、隐私和经济波动)和第 7 章(政策)由 Jesse Scott 牵头撰写。在本项研究早期阶段 Eric Masanet 也参与了第 2 章的牵头撰写工作。

本书其他主要贡献者包括:Thibaut Aberge(建筑业)、Jan Bartos(网络安全)、Elie Bellevrat(工业)、Simon Bennett(投资与就业)、Thomas Berly(碳捕集与封存)、Vlad Kubecek(统计)、Gee Yong Law(新加坡案例研究)、Christophe McGlade(油气行业)、David Morgado(能效)、Duncan Millard(统计)、Joe Ritchie(工业)、Melanie Slad(节能电器)、Jacob Teter(交通运输业)、Michael Waldron(投资)、Molly Walton(能源普及率)和 Kira West(工业)。

---

① 石油和天然气简称油气。——译者注

Rob Stone 负责制作视频，Jon Custer 负责网站开发。Jad Mouawad 为本书文本的完善和网站与视频的设计提供了帮助。Teresa Coon 和 Lisa-Marie Grenier 也提供了必要的支持。

国际能源署的高级管理人员和许多同事，特别是 Paul Simons、Keisuke Sadamori、Rebecca Gaghen、Laszlo Varro、Aad van Bohemen、Alessandro Blasi、Tyler Bryant、Pierpaolo Cazzola、Timon Dubbeling、Paolo Frankl、Peter Fraser、Jean-François Gagné、Christina Hood、Zoe Hungerford、Simone Landolina、Louis Mark、Tomi Motoi、Simon Mueller、Yoko Nobuoka、Peter Sopher、Glenn Sondak、Samuel Thomas、Aya Yoshida 和 Martin Young 等为本项研究提供了许多宝贵的信息、评论和反馈意见。经济合作与发展组织（Organization for Economic Co-operation and Development，OECD）持续数字化项目团队的专家，尤其是 Andrew Wyckoff、Molly Lesher 和 Laurent Bernat 等也为本书做出了贡献。

同样还要感谢来自国际能源署通信与信息办公室的 Muriel Custodio、Astrid Dumond、Katie Russell、Bertrand Sadin 和 Therese Walsh 帮助我们最终成稿。Trevor Morgan（Menecon）负责编辑，Justin French-Brooks 负责排版。

在项目研究期间，国际能源署组织召开了多个研讨会来收集意见和建议，包括：2017 年 4 月 5 日在巴黎召开的数字化与能源研讨会，4 月 6 日在巴黎召开的能源行业网络安全研讨会等。与会者提供了宝贵的个人见解、反馈意见和相关数据。更多信息可通过下列网址获取：www.iea.org/workshops/digitalization-and-energy.html。

除此之外，还有以下人员提供了宝贵意见：亚马逊公司（Amazon）的 Brian Neal、David Scuderi 和其他同事，苹果公司（Apple）的 Jeffrey Dahmus 和 Craig Arnold，法国安盛公司（Axa）的 Caroline Baylo，英国石油公司（BP）的 Julian Gray，C3IoT 公司的 Rob Jenks，加利福尼亚州公用事业委员会（California Public Utilities Commission）的 Jean Lamming 和其他同事，佳能全球战略研究所

（Canon Institute for Global Studies）的 Taishi Sugiyama，CEEW 公司的 Karthik Ganesan，Centrica 公司的 Sudeep Maitra 和其他同事，Drift 公司的 Mushfiq Sarke，欧洲能源交易所（EEX）和欧洲电力交易所（EpexSpot）的 Daniel Wragge 和其他同事，远景能源公司（Envision Energy）的 Michael Ding 和 Tim Naylor，爱立信公司（Ericsson）的 Jens Malmodin，Facebook 公司的 Sonal Pandya Dalal、Dimitry Gershenson 和其他同事，全球电子可持续发展倡议组织（Global e-Sustainability Initiative）的 Luis Neves 和 Chiara Venturini，绿色和平组织（Greenpeace）的 Gary Cook，日立洞察集团（Hitachi Insight Group）的 Umeshwar Dayal 和其他同事，伦敦帝国理工学院（Imperial College London）的 Erol Gelenbe，毕马威会计师事务所（KPMG）的 Peter Evans，劳伦斯伯克利国家实验室（Lawrence Berkeley National Laboratory）的 Lynn Price、Bruce Nordman、Alan Meier 和其他同事，微软公司（Microsoft）的 Michelle Patron、Brian Janous、Brian Marrs 和其他同事，美国国家可再生能源实验室（National Renewable Energy Laboratory）的 Doug Arent 和其他同事，Newes 公司的 Jorge Vasconcelos，太平洋煤气电力公司（PC&E）的 Tom Martin 和 Jane Kruse McClellan，施耐德电气有限公司（Schneider Electric）的 Jean-Jacques Marchais，索菲托（Sofitto）公司的 Alexander Vasylchenko，欧洲太阳能协会（Solar Europe）的 Sonia Dunlop，斯坦福大学（Stanford University）的 Jonathan Koomey，特斯拉公司（Tesla）的 Sarah Van Cleve，美国陆军工程研究开发中心（United States Army Engineer Research and Development Center）的 Igor Linkov，以及欧洲风能协会（Wind Europe）的 Aloys Nghiem。

同行评议者

许多政府高级官员和国际专家审阅了本书初稿并提出了宝贵意见和建议，

现将人名和任职机构列出，一并表示感谢。

姓名	任职机构
Joshua Aslan	索尼公司（Sony）
Florian Ausfelder	德国化学工程和生物技术协会（DECHEMA）
Steven Beletich	互联设备联盟（Connected Devices Alliance）
Joerg Boettcher	本田公司（Honda）
Carlo Bozzoli	意大利国家电力公司（Enel）
Stefano Bracco	欧盟能源监管者合作机构（Agency for the Cooperation of Energy Regulators, European Union）
Vytautas Butrimas	北约能源安全卓越中心（NATO Energy Security Center of Excellence）
Geoffrey Cann	德勤会计师事务所（Deloitte）
曹寅	能源区块链实验室（Energy Blockchain Labs）
Russell Conklin	美国能源部（United States Department of Energy）
Giorgio Corbetta	欧洲能源交易所（EEX）
Mike Corcoran	英国华威大学网络安全中心（University of Warwick Centre for Cyber Security, United Kingdom）
Vlad C. Coroama	瑞士苏黎世联邦理工学院（ETH Zurich, Switzerland）
Philippine De T'Serclaes	施耐德电气公司（Schneider Electric）
Giles Dickson	欧洲风能协会（Wind Europe）
Mark Ellis	国际能源署高效终端设备技术合作项目秘书处（IEA 4E TCP）
Alexander Folz	德国联邦经济事务与能源部（Federal Ministry for Economic Affairs and Energy, Germany）
Christoph Frei	世界能源理事会（World Energy Council）
Torben Funder-Kristensen	丹佛斯公司（Danfoss）
Livio Gallo	意大利国家电力公司（Enel）
Faith Gan	新加坡能源市场管理局（Energy Market Authority, Singapore）
William Garcia	Cefic 公司
Matt Golden	OpenEE 公司
Avi Gopstein	美国国家标准与技术研究院（National Institute of Standards and Technology, United States）
Peter Gornischeff	爱沙尼亚经济合作与发展组织（OECD）常驻代表
Angelo Guardo	地中海可再生能源解决方案组织（RES4MED）
Bil Hallaq	英国华威大学网络安全中心（University of Warwick Centre for Cyber Security, United Kingdom）

致 谢　vii

续表

姓名	任职机构
Carol Hawk	美国能源部（United States Department of Energy）
Steve Heinen	爱尔兰都柏林大学电力研究中心（University College Dublin Electricity Research Centre, Ireland）
Erfan Ibrahim	美国国家可再生能源实验室（National Renewable Energy Laboratory, United States）
Agnes Koh	新加坡能源市场管理局（Energy Market Authority, Singapore）
Jonathan Koomey	美国斯坦福大学（Stanford University, United States）
Lorenzo Kristov	加利福尼亚独立系统运营商（California ISO）
Anna Lerner	世界银行（World Bank）
Kaili Lévesque	加拿大自然资源部（Natural Resources Canada）
Igor Linkov	美国陆军工程研究开发中心（United States Army Engineer Research and Development Center）
Claude Lorea	欧洲水泥协会（CEMBUREAU）
Don MacKenzie	美国华盛顿大学（University of Washington, United States）
Jens Malmodin	爱立信公司（Ericsson）
Kiyoshi Matsuda	三菱化学公司（Mitsubishi Chemicals Holdings Corporation）
Pat Meehan	爱尔兰国家石油储备机构（National Oil Reserves Agency, Ireland）
Satoshi Mizunoe	日本经济产业省（Ministry of Economy, Trade and Industry, Japan）
Simone Mori	意大利国家电力公司（Enel）
Luis Neves	全球电子可持续发展倡议组织/德国电信公司（Global e-Sustainability Initiative / Deutsche Telekom）
Nicola Rega	欧洲纸业联盟（Confederation of European Paper Industries）
Brian Ricketts	欧洲煤炭协会（Euracoal）
Seth Roberts	陶氏化学公司/国际化工协会联合会（Dow / International Council of Chemical Associations）
Miguel Sánchez-Fornié	西班牙科米拉斯大学/西班牙伊维尔德罗拉公司（University of Comillas, Spain / Iberdrola）
Avik Sarkar	改造印度国家研究院（NITI Aayog）
Laurent Schmitt	欧洲输电网络运营商联盟组织（ENTSO-E）
Susan Shaheen	美国加利福尼亚大学伯克利分校（University of California Berkeley, United States）
Arman Shehabi	美国劳伦斯伯克利国家实验室（Lawrence Berkeley National Laboratory, United States）

续表

姓名	任职机构
Hans-Paul Siderius	国际能源署高效终端设备技术合作项目秘书处（IEA 4E TCP）
Kazushige Tanaka	日本经济产业省（Ministry of Economy, Trade and Industry, Japan）
Jorge Vasconcelos	Newes 公司
Francesco Venturini	意大利国家电力公司（Enel）
Zia Wadud	英国利兹大学（University of Leeds, United Kingdom）
Thomas Weisshaupt	Wirepas 公司
Taiki Yamada	日本经济产业省（Ministry of Economy, Trade and Industry, Japan）
Roberto Zangrandi	欧洲智能电网配电商协会（European DSO for Smart Grids）
Christian Zinglersen	清洁能源部长级会议秘书处（Clean Energy Ministerial）

对本书做出贡献的个人和组织不对研究中包含的任何观点或判断负责。所有错误和遗漏均由国际能源署全权负责。

欢迎提出意见和指出问题，请将意见和问题发送至以下地址：

Dave Turk and Laura Cozzi

Directorate of Sustainability, Technology and Outlooks

International Energy Agency

31-35, rue de la Fédération

75739 Paris Cedex 15 France

Email: digital@iea.org

我们期待您的反馈和合作，包括对未来分析需求的建议和指导。

若想了解关于本书的更多信息，请登录网址：www.iea.org/digital。

执 行 摘 要

在未来数十年内,数字技术将使全球能源系统更加互联、智能、高效、可靠和可持续发展。当前在大数据、数据分析方法和互联互通等方面取得了令人瞩目的进展,正在创造一系列新的数字应用,如智能家电、共享出行和3D打印等。未来数字化能源系统将能够识别出用能方,并在正确的时间、正确的地点,以最低的成本提供能源,但要让这一切顺利付诸实践并非易事。

数字化正在改善能源系统的安全性、生产力、普及率和可持续性,但同时数字化也引发了新的安全和隐私风险。此外,市场、企业和工作岗位还受到数字化的影响,正在发生着变化。新的商业模式已崭露头角,而部分老旧模式可能将退出历史舞台。

在越来越多的情况下,政策制定者、企业高管、其他利益相关方需要在不完善和不完整的信息环境中做出新的复杂决策。而能源系统通常建立在大规模、长周期的物理基础设施和资产之上,其极端复杂特性将带来额外的挑战。

本书试图向决策者清晰阐明数字化对于能源的意义所在,包括其巨大的潜力和面临的严峻挑战。这是国际能源署第一次完整描绘数字化将如何重塑能源行业,同时也将作为未来工作的开端。

数字化:能源新时代?

能源行业是数字技术应用的先驱。早在20世纪70年代,电力事业单位就是数字先锋,利用新兴技术推动电网管理和运行。而油气公司长期以来一直利用数字技术进行勘探和开采建模。

近年来，数字技术的进步和发展趋势惊人。数据正在以指数速度增加，如互联网流量仅在过去五年就增长了两倍。目前，全球移动电话用户量已超过全球人口总量。

技术的进步、成本的降低和无处不在的互联正在打开能源生产和消耗新模式的大门。数字化具有构建能源互联系统新架构的潜力，如破除用能和供应的传统界限。

这些数字技术的巨大进展及在能源领域的快速普及带来了一个重大问题，即我们是否已迎来了一个能源数字化的新时代？如果是，新兴的趋势是什么？本书试图回答这些问题。

所有用能行业都已受到数字化的影响

数字技术已广泛用于各终端用能行业，并且部分潜在变革性技术的广泛部署已初现曙光，如自动驾驶车辆、智能家居系统和机器学习等。虽然这些技术能够提高效率，但部分也会引发回弹效应导致整体能耗提高。

在交通运输行业，小汽车（cars）、卡车（trucks）、飞机、船舶、火车及其基础设施已变得越来越智能和互联，安全性和效率也在提升。数字化在公路运输行业能够产生最大的影响，互联性和自动化（伴随深度电气化）能够极大地重塑这一行业。但与此同时，数字化对交通运输行业能源消耗的整体净影响存在高度不确定性。长期来看，在通过自动化和共享出行提高效率的最佳情景下，能源消耗量相对目前的水平能够减半。但同时，如果效率没有得到实质性的提升，并且自动化的回弹效应导致更多的出行行为，能源消耗量反而会翻番。

在建筑行业，分析显示，通过使用实时数据来提高运行效率，数字化能够削减 10%的能源消耗量。智能温控器能够预测住户的行为（基于历史经验），并利用实时天气预报更好地预测供暖和制冷需求。智能照明不仅能够随时随地提供照明，还能够将发光二极管与传感器集成起来，耦合其他系统提供定制化的供暖和制冷服务。

在工业，许多企业长期以来都在使用数字技术改进安全性和提高产量。通过先进的过程控制能够实现具有经济效益的深度节能，并且通过耦合智能传感器和数据分析能够预测设备故障。3D打印、机器学习和互联将具有更深远的影响。例如，3D打印能够用于制造更轻量化的飞行器，同时减少制造原料和燃料的需求。

能源供应商将获得更高的生产力并改善安全性

油气行业长期以来一直使用数字技术，特别是在上游行业，并且数字化仍然具有进一步提高运营效率的重大潜力。数字技术的广泛应用可以将生产成本降低10%～20%，包括通过先进的地震数据处理、使用传感器和增强储层建模等。全球油气技术可采储量可因此增长约5%，其中页岩气的预期增幅最大。

在煤炭行业，数字技术越来越多地用于地质建模、工艺优化、自动化、预测性维护，以及改善工人的健康和安全。具体案例包括无人驾驶卡车以及中控室对设备的远程遥控等。然而，数字化对煤炭领域的整体影响可能没有其他领域大。

在电力行业，分析表明，数字化有潜力每年节省约800亿美元（约占年发电总成本的5%）。这可以通过降低运维成本、提高发电厂与电网效率、减少意外停机和故障时间以及延长设备运行寿命来实现。这方面的一个例子是使用无人机对铺设在数千千米崎岖地形上的输电线进行低成本监控。

数字互联系统能够从根本上改变电力市场

数字化转型的最大潜力是它能够打破能源各行业之间的界限,提高能源系统的灵活性并实现整个系统的集成。电力行业是这一转型的核心,数字化模糊了发电和用电之间的区别,并带来了四个相互关联的机遇。

1)"智能需求响应"可提供 185 吉瓦(GW)的系统灵活性,大致相当于澳大利亚和意大利现有电力供应能力的总和。这可以为新建电力基础设施节省 2700 亿美元的投资。仅在住宅领域,将有 10 亿户家庭和 110 亿台智能家电可积极参与电力系统的互联,这些家庭和智能家电在从电网获取电力时能够进行灵活调节。

2)数字化有助于波动性可再生能源并网,从而使电网更好地匹配用能和太阳光照及风力资源利用。仅在欧盟地区,到 2040 年前扩大应用储能技术和数字化需求响应技术能够将弃风弃光率从 7%降低到 1.6%,从而减排 3000 万吨二氧化碳(CO_2)。

3)开发用于电动汽车的智能充电技术,可有助于将充电时间转移到电力需求低且供应充足的时段。在 2016~2040 年,这项举措预计可节省用于新增电力基础设施的 1000 亿~2800 亿美元投资。

4)数字化可以促进分布式能源开发,如家用太阳能光伏和储能设备。通过制定更好的激励政策使生产者更容易存储和向电网出售剩余电力。区块链等新技术有助于推动当地能源社区内的端到端电力交易。

数字技术的直接能耗

那些能实现以上潜在效益的数字技术同样也会消耗能源。未来数年内将有数十亿台新设备实现并网，它们将增加数据中心和网络服务器的电力需求与能耗。然而，在未来五年内，能源效率的持续增长可以在很大程度上控制数据中心和网络的整体用能增幅。

2014 年，全球数据中心的用电量约为 194 太瓦时（TWh），约占总用电量的 1%。虽然到 2020 年全球数据中心的工作负载预计将增加两倍，但由于效率的持续提升，其用能预计仅增加 3%。

2015 年，构成数字世界骨干的数据网络的全球用电量约为 185 太瓦时，占总用电量的 1%，其中移动网络约占总数的 2/3。根据未来的效率发展趋势，到 2021 年数据网络的耗电量可能会最多增加 70% 或最多下降 15%。这一较宽的区间范围凸显了政策在提高效率方面的关键作用。

对未来五年之后的数字技术能源消耗量开展可靠的评估极为困难。从长远来看，数据需求增长与能效持续提升之间的此消彼长将决定直接能耗是上升还是下降。

打造数字弹性能力，为不可避免的网络攻击做好准备

虽然数字化可以带来许多正面效益，但它也会使能源系统更容易受到网络攻击。迄今，已报告的网络攻击事件对能源系统造成的破坏相对较小。然而，组织网络攻击正变得越来越容易。此外，物联网（Internet of things，IoT）的发展正在扩大能源系统中潜在的"网络攻击界面"。

完全防止网络攻击是不可能的，但如果各国政府和企业做好充分准备，将能够降低网络攻击造成的影响。建立能源系统的弹性取决于所有参与者和利益相关方是否能首先意识到风险。技术研究和开发工作需要考虑数字弹性的问题，同时制定政策和市场框架时也需要将其纳入考量。

国际合作的力量还可以帮助政府、企业和其他参与者提高数字弹性能力。各种组织都参与其中，每个组织都发挥其相对优势，包括分享最佳实践经历和政策，并帮助政府将数字弹性纳入能源政策制定的主流。

管控隐私问题及其对就业的影响

隐私和数据所有权也是消费者主要关注的问题，尤其是越来越多的互联设备或设施将收集更详细的数据。例如，智能电表收集的家庭能耗数据可用于判断住户何时在家、何时淋浴或泡茶。与此同时，集成和匿名的个人能耗数据可以加强运营商和用户对能源系统的了解，如负荷曲线是如何变化的，从而有助于降低个人消费者的成本。政策制定者需要平衡隐私问题与其他政策目标，包括促进创新和公用事业的运营需求。

数字化也影响着各个能源行业的工作岗位和就业技能，改变着其工作模式和任务。这在一些地区创造了新的就业机会，但同时在其他地区也造成了工作岗位的流失。能源领域的政策制定者应参与政府范围内对这些影响以及如何应对的广泛讨论。

政府的政策设计至关重要

政策和市场设计对于引导数字化增强型能源系统向高效、安全、普及和可持续方向发展至关重要。例如，数字化可以帮助 11 亿无电人口获得电力。新的数字工具可以促进可持续发展，包括利用卫星验证温室气体排放和追踪邻近地区空气污染的技术。

数据的广泛获取能够推动更及时、更精细地收集和发布能源数据，决策者在政策制定过程中也会因此而受益。新兴的低成本数字工具，如在线注册、网络爬虫数据和快速响应代码（二维码）等，可有助于决策者制定更具针对性和响应性的政策制度。

虽然无法用一幅简单的蓝图来展示未来数字化能源世界将会如何发展，但国际能源署建议各国政府可以及早部署以下十项政策行动：

1) 培养员工的数字化专业技能。

2) 确保以合适的方式获取及时、可靠和可验证的数据。

3) 加强政策灵活性以适应新技术及新发展。

4) 开展试验，包括实施"边做边学"试点项目。

5) 参与涉及数字化议题的更大范围机构间讨论。

6) 关注更广泛的整体系统效益。

7) 监控数字化对整体用能的影响。

8) 通过设计将数字弹性融入研究、开发和产品制造过程中。

9) 提供公平的竞争环境，让不同企业相互竞争并更好地为消费者服务。

10) 借鉴汲取他人的经验教训，包括正面案例研究和反面教训。

目　　录

前言

致谢

执行摘要

第1章　数字化：能源新时代？ ⋯⋯⋯⋯⋯⋯⋯⋯⋯⋯⋯⋯⋯⋯⋯⋯ 1
   1.1　什么是数字化？ ⋯⋯⋯⋯⋯⋯⋯⋯⋯⋯⋯⋯⋯⋯⋯⋯⋯⋯⋯⋯ 2
   1.2　数字化有多普及？ ⋯⋯⋯⋯⋯⋯⋯⋯⋯⋯⋯⋯⋯⋯⋯⋯⋯⋯⋯ 2
   1.3　能源数字化的新时代？ ⋯⋯⋯⋯⋯⋯⋯⋯⋯⋯⋯⋯⋯⋯⋯⋯⋯ 5
   1.4　本书的目的和结构 ⋯⋯⋯⋯⋯⋯⋯⋯⋯⋯⋯⋯⋯⋯⋯⋯⋯⋯⋯ 6
   参考文献 ⋯⋯⋯⋯⋯⋯⋯⋯⋯⋯⋯⋯⋯⋯⋯⋯⋯⋯⋯⋯⋯⋯⋯⋯⋯ 7

第2章　数字化对交通运输业、建筑业和工业用能的影响 ⋯⋯⋯⋯⋯ 9
   2.1　引言 ⋯⋯⋯⋯⋯⋯⋯⋯⋯⋯⋯⋯⋯⋯⋯⋯⋯⋯⋯⋯⋯⋯⋯⋯⋯ 10
   2.2　交通运输业 ⋯⋯⋯⋯⋯⋯⋯⋯⋯⋯⋯⋯⋯⋯⋯⋯⋯⋯⋯⋯⋯⋯ 11
      2.2.1　数字技术在交通运输业的部署 ⋯⋯⋯⋯⋯⋯⋯⋯⋯⋯⋯ 11
      2.2.2　数字化对能源消耗和排放的影响：聚焦公路运输 ⋯⋯⋯ 15
      2.2.3　数字化面临的障碍和政策思考 ⋯⋯⋯⋯⋯⋯⋯⋯⋯⋯⋯ 18
   2.3　建筑业 ⋯⋯⋯⋯⋯⋯⋯⋯⋯⋯⋯⋯⋯⋯⋯⋯⋯⋯⋯⋯⋯⋯⋯⋯ 20

2.3.1　能源服务供给的数字化 ·· 20
　　2.3.2　建筑数字化对能源消耗的影响 ·· 20
　　2.3.3　数字化面临的障碍和政策思考 ·· 26
2.4　工业 ·· 27
　　2.4.1　工厂之内的数字化 ·· 28
　　2.4.2　工厂之外的数字化 ·· 32
　　2.4.3　数字化面临的障碍和政策思考 ·· 33
参考文献 ·· 34

第3章　数字化对油气、煤炭和电力供应的影响 ···················· 41
3.1　引言 ·· 42
3.2　油气行业 ·· 42
　　3.2.1　油气上游领域深度数字化的潜力 ······································ 43
　　3.2.2　监测甲烷排放量 ··· 46
　　3.2.3　改善下游运营 ·· 46
　　3.2.4　数字化面临的障碍 ·· 47
3.3　煤炭行业 ·· 48
　　3.3.1　数字技术的部署 ··· 48
　　3.3.2　数字化的潜在影响 ·· 49
　　3.3.3　数字化面临的障碍 ·· 50
3.4　电力行业 ·· 50
　　3.4.1　发电厂和电网中的数据与分析 ··· 51
　　3.4.2　数字数据与分析的潜在效益 ·· 52
　　3.4.3　数字化面临的障碍 ·· 54
参考文献 ·· 55

第4章　全系统影响：从能源孤岛到数字互联系统 ·············· 57

4.1　数字化正在变革电力系统的运行模式 ················· 58
4.2　智能需求响应 ··································· 62
4.3　波动性可再生能源并网 ··························· 65
4.4　电动汽车日益重要的作用 ························· 67
4.5　分布式发电、微电网和产消合一者 ················· 69
4.6　向更智能的能源系统转型 ························· 72
参考文献 ··· 73

第5章　信息和通信技术的能源消耗 ······················ 75

5.1　引言 ··· 76
5.2　能源消耗现状及近期展望 ························· 77
　　5.2.1　数据中心 ································· 77
　　5.2.2　数据传输网络 ····························· 80
　　5.2.3　互联设备 ································· 83
5.3　用能长期展望 ··································· 84
5.4　政策思考 ······································· 87
参考文献 ··· 88

第6章　跨领域风险：网络安全、隐私和经济波动 ············ 93

6.1　数字安全 ······································· 94
　　6.1.1　能源安全面临的网络风险 ··················· 94
　　6.1.2　增强网络弹性 ····························· 97
　　6.1.3　最佳实践和政策 ··························· 99
6.2　数据隐私和所有权 ······························ 103
6.3　经济波动：日益数字化能源世界中的就业和工作技能 ·· 107

参考文献······110

第 7 章 政策······113

7.1 提升能源普及率、可持续性和安全性······114
7.1.1 能源普及率······114
7.1.2 环境可持续发展······117
7.1.3 能源安全······120

7.2 应用数字技术改善政策制定流程······120
7.2.1 更好的能源统计······120
7.2.2 电器能效标准数据······122

7.3 政策框架和市场设计······124

7.4 政策建议······127

参考文献······129

术语表······131

缩略词······143

计量单位······147

第1章

数字化：能源新时代？

本章要点

- 数字化描绘了信息和通信技术（ICT）在包括能源系统在内的整个经济体中的应用范围不断扩大。
- 数据、分析和互联方面的进步推动了数字化的广泛发展：
  - 传感器和数据存储成本的下降促进数据量不断增长；
  - 先进分析快速发展，如机器学习；
  - 人员和设备互联性增强，数据传输更快、成本更低。
- 数字化包括一系列数字技术、概念和发展趋势，如人工智能、物联网和第四次工业革命等。
- 其中某些数字化的发展趋势确实令人震惊：当今世界90%的数据都是在过去两年内产生的，现在全球移动电话用户量已超过全球人口总量。
- 数十年来，数字技术一直在用于改善能源系统，目前其应用速度正在加快。例如，近年来全球对数字电力基础设施及软件的投资实现了年均20%的增长。
- 这些数字化发展趋势引发了一个重大问题，即我们是否正在进入能源数字化的新时代。

1.1 什么是数字化?

数字化描绘了信息和通信技术在包括能源系统在内的整个经济体中的应用范围不断扩大。例如,思考一下当你通过应用程序打车将用到哪些数字技术:你的智能手机及其移动互联网连接;能精确定位的全球定位系统(GPS);引导驾驶员的实时交通数据和先进分析。

数字化可被认为是数字世界和物理世界之间日益增多的互动与融合。数字世界有三个基本要素。

1) 数据:数字信息。
2) 分析:使用数据生成有用的信息和见解。
3) 互联性:通过数字通信网络在人、设备与机器(包括机器与机器)之间交换数据。

上述三个基本要素的进步推动了数字化的广泛发展:传感器和数据存储成本的下降促使数据量不断增长;先进分析和运算能力快速发展;人员和设备互联性增强,数据传输更快、成本更低。

1.2 数字化有多普及?

目前,世界上大约90%的数据是在过去两年中产生的(IBM,2017)。这种指数级增长导致测量数据需要使用越来越大的测量单位。例如,全球互联网流量在2001年超过了艾字节(EB)大关,预计到2017年将超过泽字节(ZB)大关(图1.1)。一个艾字节是 1 000 000 000 000 000 000 字节,或 10^{18} 字节,一个泽字节等于1000艾字节,或 10^{21} 字节[①]。过去五年内,互联网流量增加了两倍(Cisco,2017a)。

计算能力和效率的进步能够实现更强大和更复杂的数据分析,如人工智能(AI)和自动化。例如,人工智能和机器处理大型复杂数据的能力使我们距实现全自动驾驶车辆更近了一步。先进分析还可以创建物理设施的数字复制品

---

① 原文为 One exabyte is 1 000 000 000 000 000 000 bytes, or 10^{18} bytes, and one zettabyte equals 1 000 exabytes, or 10^{21} bytes。

("数字双胞胎"),用于模拟和优化工业设计及石油、天然气钻探活动。先进分析还可以实现对建筑和工业过程设备的复杂控制,并且正在引领制造业的新一轮自动化浪潮,包括机器人和3D打印。

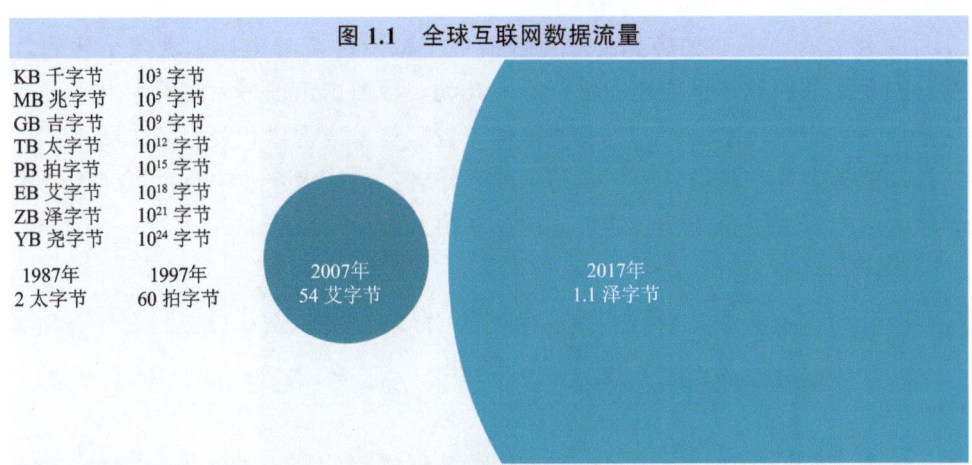

图 1.1　全球互联网数据流量

关键信息:世界正在见证数据爆炸,互联网流量将于 2017 年进入泽字节时代。
资料来源:国际能源署基于参考文献 Cisco(2017b)和 Cisco(2015)数据的计算结果

人和设备之间也建立了越来越多的连接。目前,有超过 35 亿人,或近一半的全球人口,都在使用互联网——而在 2001 年仅为 5 亿人(ITU,2017)。约有 54% 的家庭接入了互联网(图 1.2 左图)。在过去五年中,全球移动宽带用户增长了三倍,并在 2017 年超过 40 亿,而移动电话用户更是达到 77 亿。发展中国家正在引领近期的互联性增长,占过去五年移动宽带用户总增量的近 90%(图 1.2 右图)。

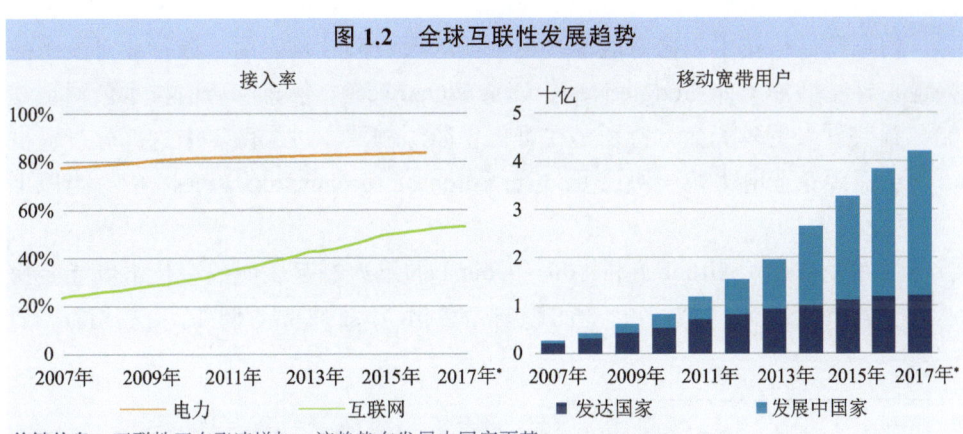

图 1.2　全球互联性发展趋势

关键信息:互联性正在飞速增加,该趋势在发展中国家更甚。
*表示 2017 年的估算值;互联网接入指的是有互联网接入的家庭;发达国家和发展中国家的分类基于联合国分类。
资料来源:ITU(2017);IEA(2017)

手表、家用电器和汽车等日常用品正在连接到通信网络——物联网①，以提供一系列服务和应用，如个人医疗保健、智能电网、监控、家庭自动化和智能运输等。预计连接到物联网的设备数量将从 2017 年的 84 亿台增长到 2020 年的 200 多亿台（Gartner，2017）。

金融市场、投资趋势和其他行业的数字颠覆性影响也标志着数字化的普及，以及能源和数字世界之间更广泛的互动。目前，市值最大的五家上市企业均是信息和通信技术公司，其业务依赖于数字技术或提供相关服务（图 1.3）。另外，能源企业在盈利方面仍然是全球领导者：前十大企业中有六家属于能源领域，唯一的数字企业——苹果公司排在第九位（Fortune，2017）。

图 1.3　全球市值最高的企业排名

关键信息：虽然能源企业的盈利仍处于领先地位，但数字技术公司在市值上已成为全球领导者。
注：本排行仅限于上市企业；市值的计算截至每年第二季度；图中圆圈的大小代表市值的大小。

信息和通信技术公司对能源相关企业的投资和收购表明，该行业对能源的兴趣在日益增加（如 Google/Nest、Oracle/Opower）。信息和通信技术公司正在能源领域投入更多资金，特别是在可再生能源领域，过去两年中这部分投资占可再生能源企业电力购买协议（power purchase agreements，PPAs）的一半以上（参见专栏 5.2）。

虽然爱彼迎（Airbnb）和优步（Uber）的迅速崛起表明数字技术可能会快速产生颠覆性影响，但对各行业的影响存在相当大的差异。例如，有些行业（如

---

① 在最基本层面上，物联网定义为将日常对象连接到通信网络以提供一系列服务或应用。物联网包括机器到机器（M2M）通信（设备在没有人直接参与的情况下交互和共享数据），以及将设备连接到网络以使人们能够远程控制或管理（IEA，2014）。

媒体）受物理世界的"束缚"较少，而其他行业（如农业）在本质上还是涉及实物商品的生产和供应，即使数字技术可能对商业运作产生重大影响。

1.3 能源数字化的新时代？

数十年来，数字技术一直在用于改善能源系统。事实上，能源行业很早就采用了大型信息技术系统。20 世纪 70 年代，公用电力单位就已成为数字先驱，使用信息技术来协助电网的管理和运营。目前，他们能够实时监控广阔地域的电力市场，为大量客户提供服务。

油气企业长期以来一直使用数字技术来模拟包括储层和管道在内的勘探与开采活动。几十年来，工业尤其是重工业一直在使用过程控制和自动化技术以最大限度地提高质量与产量，并尽可能地降低能耗。智能运输系统在所有运输方式中都使用数字技术来提高安全性和效率。

能源数字化的步伐正在加快，能源企业对数字技术的投资在过去几年中急剧上升。例如，2014 年以来，全球对数字电力基础设施和软件的投资每年增长超过 20%，2016 年达到 470 亿美元（图 1.4）。这一数字比全球天然气发电投资（340 亿美元）高出近 40%，接近印度电力行业的总投资（550 亿美元）。

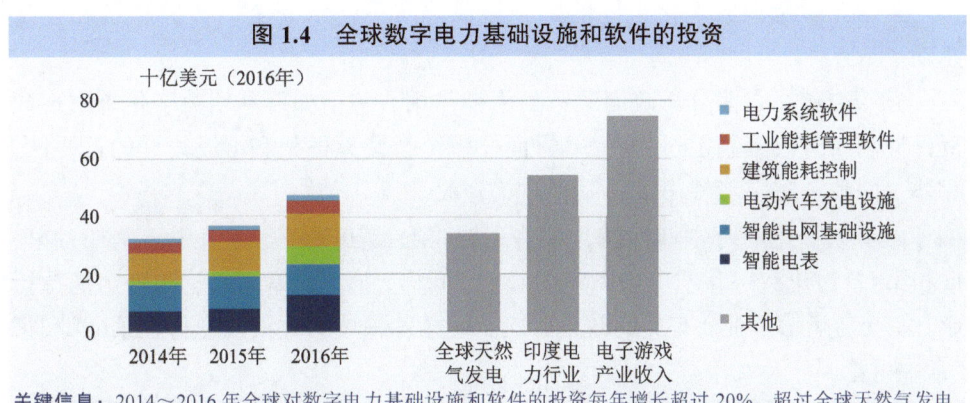

图 1.4　全球数字电力基础设施和软件的投资

关键信息：2014~2016 年全球对数字电力基础设施和软件的投资每年增长超过 20%，超过全球天然气发电的总投资。

注：全球天然气发电与印度电力行业的投资额采用 2016 年的投资数据。

资料来源：数字基础设施和软件的投资金额基于参考文献 MarketsandMarkets（2016）以及 BNEF（2016）的数据计算得出

数字化的惊人进步及其在能源领域的快速部署带来了一个重大问题：我们是否正处于能源数字化新时代的风口浪尖？本书的余下部分试图回答这个问题。

1.4 本书的目的和结构

本书描述了能源行业数字化的现状、数字化将如何影响能源系统、未来可能发生的情景，以及这对决策者、企业和消费者意味着什么。数字化和能源是一个复杂且不断演化的话题。因此，国际能源署并不期望本书作为一份详尽无疑、下定论的分析报告，而是希望本书能够揭示能源和数字世界如何相互作用，并作为未来进一步分析工作的开端。

本书余下部分的结构如下：

1）第2章分析数字化对三个主要用能行业（交通运输业、建筑业和工业）当前及潜在的影响。

2）第3章研究数字技术对能源供应行业的影响，重点关注油气行业、煤炭行业、电力行业。

3）第4章探讨数字化在打破能源孤岛、模糊能源供需之间的界限，以及推动建立高度互联的电力系统等方面的变革性潜力。

4）第5章评估数字技术本身的直接能耗，包括数据中心、数据网络和互联设备等。

5）第6章考虑数字化主要的跨领域风险——网络安全、数据隐私和经济波动。

6）第7章一方面分析政府政策的关键作用，包括如何利用数字化来实现政策目标和改进政策制定过程；另一方面分析综合政策框架和市场设计的重要性。此外，向政策制定者提出了一系列政策建议。

由于数字化的跨领域性质，某些主题将会涵盖在多个章节中。例如，第3章和第4章讨论数字化对电力系统的影响。同样，第2~4章均讨论与特定能源行业（如交通运输行业）有关的政策影响，贯穿各领域的政策问题将在第6章和第7章中讨论。

本书还辅以一个新的互动网站——www.iea.org/digital，它提供了一种动态交互的方式来访问书中的相关信息。

本书介绍和讨论许多术语和概念，能源专家或数字专家可能不熟悉其中的一些术语和概念。本书对各个概念在其出现时进行解释，同时书后也提供完整的术语表。

本书还应用了国际能源署的一系列分析工具，包括现有和全新的分析工具。它借鉴了国际能源署的各种模型，包括世界能源模型、能源技术展望模型和交通模型 MoMo 等。本书中包含对国际能源署中心情景的参考，该中心情景在书中用于描述在现有能源与气候政策及部分承诺与计划框架下，能源市场和技术进步的发展路径；同时，基本上与《世界能源展望》新政策情景（New Policies Scenario，NPS）和《能源技术展望 2017》参考技术情景（Reference Technology Scenario，RTS）相一致。该中心情景并不作为一种预测。

参 考 文 献

BNEF (Bloomberg New Energy Finance) (2016). Digital Energy Market Outlook.

Cisco (2017a). Cisco Visual Networking Index: Forecast and Methodology, 2016-2021.

Cisco (2017b). The Zettabyte Era: Trends and Analysis June 2017. www.cisco.com/c/en/us/solutions/collateral/service-provider/visual-networking-index-vni/vni-hyperconnectivity-wp.pdf.

Cisco (2015). The History and Future of Internet Traffic. https://blogs.cisco.com/sp/the-history-and-future-of-internet-traffic.

Fortune (2017). Fortune Global 500 List 2017. http://fortune.com/global500/.

Gartner (2017). Gartner Says 8.4 Billion Connected "Things" Will Be in Use in 2017, Up 31 Percent From 2016. www.gartner.com/newsroom/id/3598917.

IBM (2017). 10 Key Marketing Trends for 2017. IBM Marketing Cloud. www-01.ibm.com/common/ssi/cgi-bin/ssialias?htmlfid=WRL12345USEN.

IEA (International Energy Agency) (2017). Energy Access Outlook: From Poverty to Prosperity.

IEA (2014). More Data, Less Energy: Making Network Standby More Efficient in Billions of Connected Devices.

ITU (International Telecommunication Union) (2017). ICT Facts and Figures 2017. www.itu.int/en/ITU-D/Statistics/Pages/facts/default.aspx.

MarketsandMarkets (2016). Internet of Things in Utility Market.

第 2 章
数字化对交通运输业、建筑业和工业用能的影响

本章要点

- 数字化对交通运输业、建筑业和工业正产生着重要影响，每个行业和具体应用的受影响程度各不相同。

- 交通运输正在变得更加智能互联，安全性和效率也在逐步提升。在公路运输领域，互联技术使得新的共享出行服务成为可能。加之汽车自动化和电气化技术的进步，数字化将对交通运输领域的能耗和排放产生巨大但不确定的影响。长远来看，取决于各项技术、政策和消费者行为的相互作用，公路运输的能源消耗可能会减半，也有可能会翻番。

- 到 2040 年，数字化将使住宅和商业建筑的总能耗降低约 10%。供暖和制冷领域的效率提升幅度最大，特别是智能温控器和传感器的使用。智能照明也可以大幅度降低照明用电的消耗。然而，由于数字化带来的新服务和舒适度提升，以及闲置设备和家电的待机功耗大幅度增加，也会抵消潜在的节能效益。

- 工业长期以来一直使用数字技术提高安全性和生产效率。通过改进工厂内外的过程控制，数字化可以在较短的回报周期内实现大幅度节能。3D 打印、机器学习和互联性增强都将可能对工业用能产生更大的影响。

- 需要制定特定行业和跨行业的政策以最大限度地发挥数字技术带来的效益，同时应对网络安全、数据隐私和工作岗位流失等挑战。

2.1 引　　言

数字化作为一种强有力的手段，可以提高交通运输业、建筑业、工业的效率、生产力和节能效果。本章将探讨数字化对这些用能行业的具体影响[①]。取决于具体应用方式，数字化对各个用能行业的影响有很大不同（图2.1）。

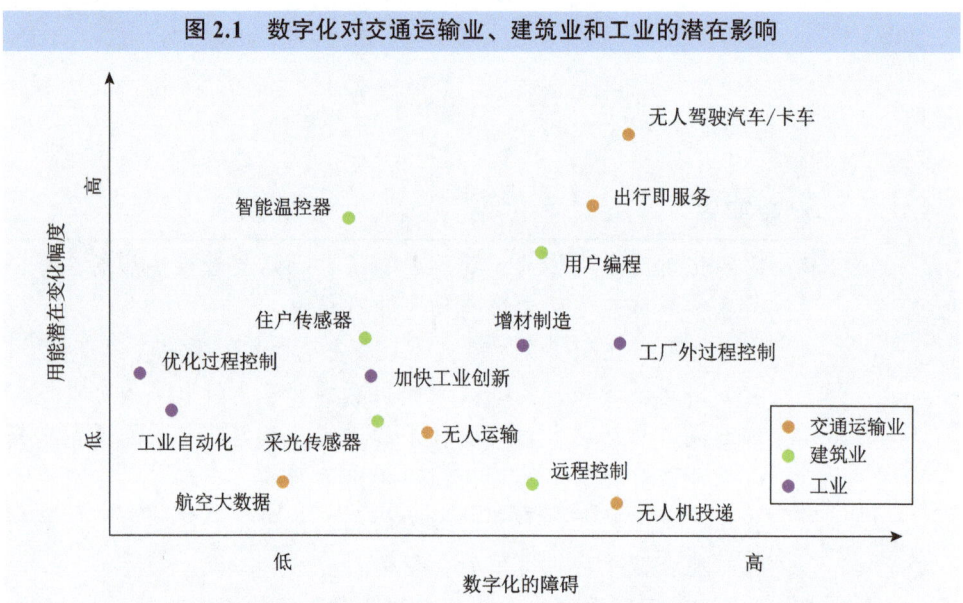

图2.1　数字化对交通运输业、建筑业和工业的潜在影响

关键信息：数字技术和应用在使用时面临着一系列的障碍，并且对不同用能行业能源消耗的影响各不相同。
注：图中展示的数字化趋势/策略并不是详尽无遗的。纵坐标"用能潜在变化幅度"表示数字化对用能潜在的绝对影响，可能是正面的，也可能是负面的。横坐标"数字化的障碍"包括技术障碍、监管障碍和公众认知障碍等。本图仅给出相对变化幅度的概念。

在更广泛的系统层面，数字化有能力打破不同用能和供能行业之间的界限，从而产生更大的变革性影响，这部分内容将在第4章进行分析。而数字化带来的网络安全、数据隐私和工作岗位流失等风险将在第6章进行分析。

[①] 数字化在其他非能源行业（如电子商务、电子书、DVD、流媒体等电子实体和远程办公等）的应用也改变了这些行业传统的用能方式，包括提高效率、替代原有产品/能源，以及产生回弹效应等。本章将讨论相关案例。关于量化数字化产品和服务的直接影响、间接影响、结构性影响和行为影响所面临挑战的详细分析请参考：Horner，Shehabi 和 Azevedo（2016）。

2.2 交通运输业

小汽车、卡车、飞机、轮船、火车及其配套基础设施正变得更加智能、互联,提高了整个交通运输系统的安全性和效率。最具革命性的变化发生在公路运输领域,无处不在的互联和自动化技术能够从根本上改变客运与货运方式。因此,本节主要侧重于分析公路运输,并启发其他运输领域的延伸思考。

2.2.1 数字技术在交通运输业的部署

交通运输业的数字化在本质上是指智能交通系统(intelligent transportation systems,ITS)的概念和发展,其内容包括:部署用于数据收集的传感器;利用通信技术进行远程控制;运用先进的分析技术改进系统运行、提高安全性和效率、改善服务并降低成本(US Department of Transportation,2016)。

智能交通系统的日常案例包括:用于控制交通信号灯的道路交通流量探测器,用于自动收取通行费的射频识别(RFID),以及将全球定位系统和通信技术用于道路救援。其未来发展的三大趋势是互联互通、共享出行和自动化。

1. 更智能、互联的车辆和基础设施

为了使车辆和交通系统高效运行,更智能、互联的车辆和基础设施正在收集与分析大量数据。互联车辆配备了互联网接入、蜂窝无线网络、专用短程通信(dedicated short-range communications,DSRC)[①],以及其他传感和互联技术,使其与邻近车辆、基础设施之间的交互越来越便捷(Li et al.,2012;Narla,2013)。

数字技术正在帮助各种运输方式提高能源效率和降低维护成本。在航空领域,最新的商用飞机配备了数千个传感器,平均每次飞行产生近1太字节的数

---

① 专用短程通信使用高频到超高频率范围(在美国是75兆赫到5.9千兆赫)的信号进行无线通信来服务车辆安全性和出行应用,包括车辆到车辆(vehicle-to-vehicle,V2V)和车辆到基础设施(vehicle-to-infrastructure,V2I)。更多内容参见 Dedicated Short Range Communications (DSRC); The Future of Safer Driving, US Department of Transportation, 2016, www.its.dot.gov/factsheets/pdf/JPO-034_DSRC.pdf。

据（Airbus，2017）。大数据分析优化了航线规划，能够帮助飞行员做出空中飞行决策并减少燃料的使用。船舶上也安装了大量传感器以帮助船员优化航线，同时卫星通信的发展也增强了互联性。船舶和港口之间的良好通信可以优化船舶速度，确保准时到港，大幅节省减速航行的燃料消耗。在铁路系统中，传感器被用来监测从发动机温度到振动等一切细节，而摄像头则负责收集轨道上的视频数据。

公路运输中的实时位置和路线信息有助于优化车辆和车队的运行。互联系统还能开展从检查电动汽车（electric vehicles，EVs）电池充电状态到货运卡车队列安排等一系列作业①。互联交通系统还推动了共享出行服务和平台的开发与应用。

2. 共享出行

21 世纪初，随着 ZipCar 等汽车共享服务提供商的涌现，共享出行在大城市崭露头角，会员可以短期［以小时（h）计算］租用汽车（Clewlow，2016）。通过访问智能手机应用程序，用户可以定位和解锁车辆实现单程旅行②。全球汽车共享服务的用户数量有望从 2015 年的 700 多万人增长到 2025 年的约 3600 万人（Frost and Sullivan，2016）。

基于类似技术和平台的自行车共享服务目前已出现在全球 1000 多个城市。这类服务在中国得到快速普及。仅在一年内（2016 年），其活跃用户数量就增加了一倍多，到 2017 年底将达到 5000 万人。仅上海就有大约 45 万辆共享单车，而巴黎仅有 2.1 万辆。"无桩"系统（在中国广泛应用）和电动自行车系统（如哥本哈根、马德里）服务在全球范围内正越来越受欢迎。

网约车服务也开始对城市交通产生重大影响。随着带有 GPS 的智能手机和应用程序接口（API）③数字地图的广泛普及，包括新兴经济体在内的全球网约车服务增长迅速。"滴滴出行"遍布中国 400 多个城市，每天出行量达 2000 万次。总部位于新加坡的 GrabTaxi 在东南亚 50 个城市均有业务。随着互联网接入的普及，以及越来越多年轻人关注污染问题并对共享出行持开放态度，一些分析人士认为，印度可能很快成为全球最大的共享出行市场之一（Morgan Stanley，2017）。基于智能手机应用程序的网约车服务已开始应用先进算法来协调和匹配同一路线上的用户，实现真正的"共享"出行服务，如 UberPool

---

① 货运卡车队列安排是指把车辆（主要是重型牵引拖车或卡车）排列成一条直线，中间间隔很小，这样可以减少阻力，从而在高速公路行驶中节约燃料。车辆到车辆和车辆到基础设施通信技术可以使卡车在不牺牲安全性或机动性的情况下，在非常近的距离内行驶。

② 类似于 car2go 的单程汽车共享系统可以让用户在一个地点取车，在另一个地点还车。

③ API 是一个命令列表，允许软件程序相互通信并使用彼此的功能。

和 LyftLine 等。

出行即服务（mobility as a service，MaaS）平台通过提供统一的路线规划和支付系统来简化共享出行服务①。出行即服务平台允许用户订阅多式联运"出行套餐"，获得多种共享出行服务②，包括自行车、公共汽车、火车、汽车、出租车和约车服务。芬兰已于2016年推出了全球首个此类服务——Whim。

3. 自动驾驶技术

自动驾驶技术可通过先进的传感系统和自动决策能力来提高安全性和驾驶便利性，从而辅助或取代人工控制。虽然近期的焦点主要集中在乘用车，但自动驾驶技术已广泛应用于铁路业务（如快速交通和城际铁路等）和航空领域（无人驾驶飞行在军事应用中已经很常见）。无人机物流服务也在部分城市开展了测试（参见专栏 2.1）。

专栏 2.1

无 人 机

民用和商用无人驾驶飞行器或无人机还处于发展初期。虽然中国、印度和美国（加利福尼亚州）都开展了无人机投递试验，但大规模部署的前景尚不明朗。运载能力将会限制无人机替代公路运输，在城市和经济体等流通范围内投递大量日用品（IEA，2017a）。在装载、卸载和飞行时间理想的情况下，大约需要15架24小时运转的无人机才能等同一辆8小时轮班的轻型商用车的运载量（McKinnon，2015）。不仅如此，直到发展中期内无人机每千米的运输成本仍可能高于常规卡车。

生命周期分析显示，无人机潜在的节能减排优势很有限，且高度依赖于环境（Goodchild and Toy，2017）。安全性、故障率、可靠性和噪声等都是制约无人机推广的因素，而监管制度将决定无人机在货物运输市场的生存空间。尽管如此，无人机在一些特定领域仍十分有用，如贵重物品的城市运输，向偏远社区提供疫苗或救灾必需品等。

在能源供应领域，携带摄像机或多种传感器（如 GPS、雷达、声呐等）的无人机有着一系列的应用，如检查石油钻井平台和风力涡轮机叶片的腐蚀，

---

① 出行即服务有不同的名称和缩略词指代，美国联邦运输管理局（Federal Transit Administration）已经采纳了按需出行（mobility on demand）描述出行即服务。

② 平台通过 API 共享数据来集成公私运营商，以及公私合作伙伴和其他混合商业模式。

还可以在海上风电选址阶段调查环境和野生动物的状况，这相较于其他方法更简便、成本更低。配备热成像摄像的无人机已用来开展航空热成像，以检测太阳能光伏电站的电力损失和故障风险。特殊装备的无人机还可以开展电网的基本维护，如喷火无人机可以燃烧掉缠绕在电线上的垃圾*。

---

*中国利用喷火无人机除去电线上缠绕物的视频参见 https://youtu.be/iOqWfLZT8OM。

尽管存在技术、监管和政策等方面的障碍，但考虑到关键技术①的迅速发展，以及成本节约和安全效益的巨大潜力②，在公路运输中部署互联自动车辆的前景仍然十分广阔。这一技术可优先应用在劳动力成本相对较高（如公共汽车和约车服务）或车辆利用率受自动化影响更大（如卡车）等商业领域（Wadud，2017）。部分大型汽车制造商已宣布将于 2020 年推出高度自动化的乘用车③。有专家预计自动驾驶车辆将在 2025～2040 年得到广泛应用（Arbib and Seba，2017；Fulton，Mason and Meroux，2017；Gartner，2016；Milakis et al.，2015；Wadud，2017）。

互联自动汽车和出行服务的投资与金融影响巨大。预计到 2030 年，自动驾驶技术市场将增长到近 2000 亿美元（Archambault et al.，2015）④。汽车制造商、高科技公司和网约车服务商已投入数十亿美元用于研究、战略合作和收购，都在争相掌控关键技术⑤。围绕自动驾驶专利技术的法律诉讼（如 Waymo 和优步）接踵而至（Abuelsamid, Alexander and Jerram，2017）。特斯拉公司的车辆已配备了用于全自动驾驶的必要硬件，并于近期宣布计划推出一款具有自

---

① 包括机器视觉和 3D 摄像机、激光成像检测和测距（激光雷达，LIDAR）、先进 GPS、人工智能软件等。

② 超过 90%的交通事故来自人为失误（US Department of Transportation，2015）。一种自动化、互联、电气化和共享（ACES）的出行系统可以显著减少道路死亡和伤害，同时造福越来越多的老年人、儿童和残疾人出行。

③ 这里的"高度自动化"指的是自动监测和控制车辆，对应汽车工程师学会（SAE）国际标准 J3016（SAE International，2016）定义的自动驾驶 4 级和 5 级。SAE 标准定义了 6 个自动化级别，从无自动化（0 级）到完全自动化（5 级）。2 级和 3 级的关键区别取决于是人（0～2 级）还是车辆（3～5 级）监测环境。自动化程度高或完全自动化的车辆（4 级和 5 级）通常被称为"自主驾驶"、"无人驾驶"或"自动驾驶"（尽管 4 级仅在某些特定条件下允许"无人驾驶"模式，如高速公路）。

④ 这一市场指的是"公路交通工具自动驾驶车辆零部件销售"。相比之下，这一数字略低于丰田 2016 财年的全球综合净收入，约 2400 亿美元（Toyota，2016）。

⑤ 最近自动驾驶公司的收购案例包括英特尔（收购 Mobileye，153 亿美元）、福特（收购 ArgoAI，10 亿美元）、通用（收购 Cruise Automation，10 亿美元）和优步（收购 Otto，6.8 亿美元）。共享出行平台的投资案例包括苹果（投资滴滴出行，10 亿美元）、通用（投资 Lyft，5 亿美元）和大众（投资 Gett，3 亿美元）。汽车制造商投资互联自动车辆技术和共享出行业务的完整清单参见参考文献 Slowik 和 Kamakaté（2017）的表 3。

动驾驶功能的电动卡车（Tesla，2016）。尽管2016年特斯拉汽车的销量不足8万辆，且其收支赤字超过7.7亿美元，但该公司市值仍超过福特、通用和宝马（Mitchell，2017）。

2.2.2 数字化对能源消耗和排放的影响：聚焦公路运输

交通运输行业用能占全球终端能源消耗的28%，该行业碳排放占燃料燃烧产生的二氧化碳排放总量的23%（IEA，2017b）[1]。国际能源署中心情景预计，到2060年交通运输行业的终端能源消耗将增长近一半，达到165艾焦耳（exajoules），其中大部分来自公路货运车辆（36%）和轻型客运车辆（28%）。自动化、互联、电气化和共享出行的发展动态和净效应将在塑造未来交通运输行业的能源和排放发展轨迹中发挥关键作用。

数字化在许多方面都影响着公路运输的用能。高度自动化汽车减少了驾驶员的压力，更有效地利用了旅行时间，使私家车出行更具吸引力。自动化也将使公路货运成本更低。这两种情况都可能增加出行行为，导致交通拥堵和用能的增加。另外，共享和自动交通可以促进车辆尺寸调整[2]、加速电动汽车使用、减少能耗和排放[3]。自动化和共享车辆的高使用率将使车辆（和车队）更新率更快，有利于高效技术（包括电动汽车）的推行，从而降低旅行排放强度（Johnson and Walker，2016）。

共享和自动出行服务与公共交通、步行和骑行等交通方式的成功整合将有助于降低能耗[4]。例如，共享和自动化车辆提供的支线服务促进了高客运量公共交通的使用。在人口密度高、公共交通网络完善的城市，数字化将促进从传统的车辆所有权模式向出行即服务模式的转型。行政当局需要找到财政、交通和城市规

---

[1] 如第1章所述，国际能源署中心情景描绘了在现有能源与气候政策以及部分承诺和计划框架下，能源市场和技术进步的发展路径。这一情景基本上与《世界能源展望》新政策情景和《能源技术展望2017》参考技术情景相一致。该中心情景并不作为一种预测。

[2] 共享和自动交通的应用增加有助于优化车辆尺寸设计，更好地匹配应用场景，从而提高能效。

[3] 互联自动化与电动汽车的结合有助于实现能源多样化，减少污染物排放，并且结合电网的逐步脱碳化能够减少温室气体排放。

[4] 美国多个城市的公共交通管理部门和公共交通机构已将基于应用程序的共享约车服务整合到其服务组合中，推动并且在部分情况下补贴优步、Lyft和传统出租车与公共交通站点形成无缝连接，或为弱势群体服务（Slowik and Kamakaté，2017）。尽管如此，纽约市的早期数据表明优步和Lyft可能正在出行方面取代原本的公共交通（Schaller，2017）。近期在美国7个大城市（包括纽约市、芝加哥市、洛杉矶市等）开展的调查也得出了类似的结论（Clewlow and Mishra，2017）。

划三者间良好的结合方式,以提升自动化和共享车辆的服务,而非取代公共交通。

由于受到消费者行为改变、政策干预、技术进步和车辆技术等因素的综合影响,自动化、互联、电气化和共享出行对能源和排放造成的影响非常不确定。美国能源部(DOE)的极端情景分析发现,与国际能源署中心情景相比,无人驾驶汽车在某些案例中能够减少超过90%的燃料消耗,而在高耗能行为最糟糕的情况下会增加三倍以上的燃料消耗(Brown, Gonder and Repac, 2014)。

近期的一些研究考虑了一系列的自动化、互联、电气化和共享出行发展情景,大部分主要针对乘用车(Brown, Gonder and Repac, 2014; Fulton, Mason and Meroux, 2017; Greenblatt and Saxena, 2015; Stephens et al., 2016; Wadud, MacKenzie and Leiby, 2016)。其中两项研究展示了车辆自动化、共享、电气化对能源消耗和排放的一系列影响:

1)Wadud, MacKenzie 和 Leiby(2016)研究了互联自动车辆在能源消耗方面可能造成的一系列结果。该研究探讨了美国一系列可能的技术和社会发展情景,发现在乐观情景下公路交通的用能可减少近半,而在悲观情景下会增加一倍以上(图2.2)。该研究还发现,即使在自动化水平较低的情况下,优化系统级互联和车辆间的协调也会获得显著的能效增益。

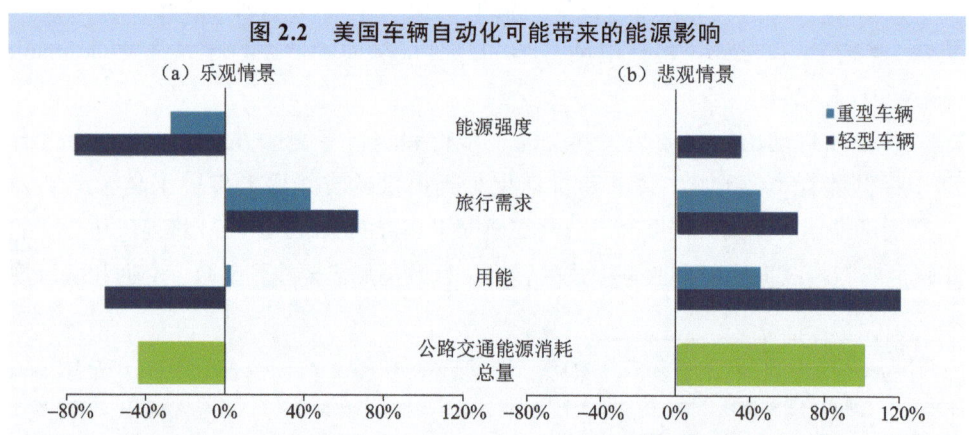

图2.2 美国车辆自动化可能带来的能源影响

关键信息:美国公路运输用能在乐观情景下减少了近一半,但在悲观情景下增加了一倍以上。
(a)在乐观情景下,几乎所有自动化的效益潜力都得以实现,包括更顺畅的交通流、更少的事故(车辆变得更小/更轻)、广泛使用的节能驾驶和队列安排。
(b)在悲观情景下,广泛应用更高水平的自动化推动了旅行需求强劲增长,并且没有实现能效增益(例如,没有队列安排和节能驾驶)。
注:本图仅显示了该项研究四种情景中的两种。在另外两种情景中,一种描述了一个自动化程度有限的世界,对能源消耗的影响最小;而另一种假设燃料效率大幅提高,但同时旅行需求也显著增加,这将导致能源消耗仅有少量降低。
资料来源:Wadud, MacKenzie 和 Leiby(2016)

第 2 章　数字化对交通运输业、建筑业和工业用能的影响　17

2）Fulton，Mason 和 Meroux（2017）探讨了自动化、电气化、共享出行对全球能源消耗和二氧化碳排放的影响。研究结果表明，仅仅只是电气化和自动化的技术创新可能导致温室气体排放增加。因此，需要利用出行即服务平台和强力支持发展公共交通来引导城市出行向低排放转型。

近来，国际能源署分析了数字化对货运行业能源消耗和二氧化碳排放的影响（IEA，2017a）。在现代化卡车情景中，相比于国际能源署中心情景，数字化对供应链和物流运营的改善做出的贡献[①]，占 2050 年公路货运累计温室气体减排潜力的 1/3（图 2.3）。这些努力最终可能催生新的货运方式，如物理网络[②]，可以有效减少卡车数量和运货交通量。互联和自动化技术可以通过节能驾驶、将运输安排在低峰时段和低流量路线、队列安排等，提高公路运输的运营效率。此外，插电式电动卡车更智能的充电方式既可以提高电气化的经济性，又可以降低电力来源的碳排放强度[③]。

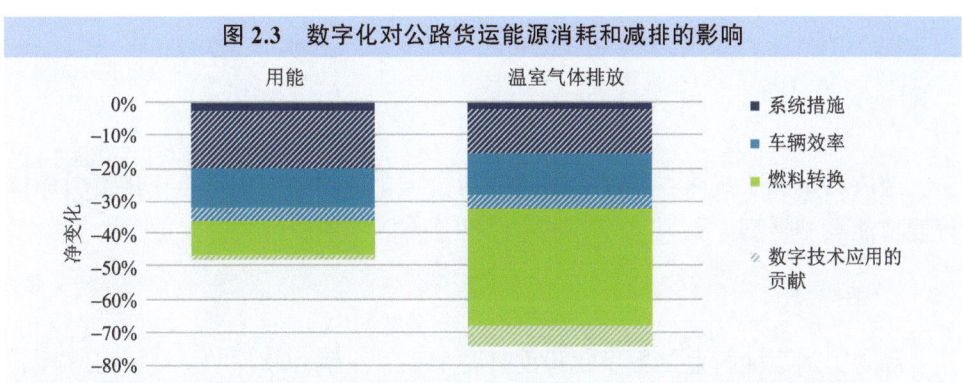

图 2.3　数字化对公路货运能源消耗和减排的影响

关键信息：数字技术在减少公路货运的用能和温室气体排放方面能够发挥关键作用，特别是通过促进企业之间的横向和纵向合作来简化供应链与物流。

注：温室气体排放量是以井口到车轮（well-to-wheels）全生命周期为基础计算的；系统措施包括队列安排、城市投递的时序重排和驾驶员培训等；燃料转换包括使用先进生物燃料和采用低碳能源载体（如电力和氢气）的替代动力系统。

资料来源：IEA（2017a）。

---

① 案例包括：GPS 与实时交通信息相结合的路线优化；车载监控和反馈系统提高节能驾驶性能；车辆互联可以以安全的方式减少列队卡车的间距，以提高燃油效率；供应链公司之间的数据共享可以用更少的出行次数运送更多的货物。

② 物理网络是一个开放、共享的全球物流系统，其灵感来源于互联网上的数据流动，与如今常见的私有物流系统形成鲜明的对比。目前，几乎所有的物流服务提供商和运营商都拥有私有资产，包括实体资产（如仓库和卡车）和运营资产（如路线、客户和市场信息）（Wible，Mervis and Wigginton，2014）。

③ 例如，在可再生能源发电量超过需求时为电动车辆充电，在用电高峰期向电网供电，并提供其他辅助电网服务。参见第 4 章关于数字化应用催生了电动汽车与电网之间的交互。

公路交通领域与其他交通领域的能源消耗和排放也会受到数字化在其他领域应用的连带影响[①]。例如，更多的远程工作降低了交通需求，可能使旅行和用能下降，但也有研究表明远程工作对出行和能源消耗的实际影响是复杂的。事实上，远程工作也可能在许多方面增加整体能源消耗，如增加家庭能源消耗和改变整体的旅行计划等（Choo，Mokhtarian and Salomon，2005；Kim，Choo and Mokhtarian，2015；Larson and Zhao，2017；Melo and de Abreu e Silva，2017；Ory and Mokhtarian，2006）。

增材制造通常被称为3D打印，能够减少长途货物运输的需求。采用3D打印的部件还可以制造出更轻的飞机（Huang et al.，2016）并提高涡轮效率，从而减少飞行中的燃料消耗（参见专栏2.3）。数字化还可以推动各个行业在系统层面发生交互，并催生新的发展机遇。例如，数字化带来的智能充电和车辆到电网（V2G）技术有助于提高波动性可再生能源在电力供应中所占的份额（参见第4章）。

2.2.3　数字化面临的障碍和政策思考

政府政策和法规将在交通运输行业的数字化进程中发挥重要作用，引导该行业节能减排转型。

1. 消除障碍和风险

随着交通运输行业的数字化程度日益加强，车辆和软件的认证、可靠性、网络安全[②]、数据隐私和就业等问题（参见专栏6.5）亟待解决（Hern，2017）。

互联自动车辆面临着一系列技术、监管及其他障碍[③]，可能阻碍其广泛应用。实地试验、学习和数据收集等方式的采用对改进技术、提升公众对自动驾驶技术的信心至关重要。监管部门应考虑废除过时的规章，并引入新的规章以鼓励竞争和推动试点。

通信和数据协议的一致与标准化对于自动驾驶车辆的跨境旅行非常重要。

---

① 例如，从DVD到流媒体视频的转变可能会减少DVD生产和传输的能耗，但却会增加数据中心和网络的能源消耗。这种电子服务的便利性也可能会导致回弹效应，刺激人们更广泛地使用这类服务，从而导致整体更高的能源消耗量。有关其他示例请参阅下列参考文献：Horner，Shehabi和Azevedo（2016）。

② 车辆到车辆和车辆到基础设施使得保障网络安全变得更加困难（Perlroth，2017）。

③ 例如，出于伦理和道德方面的考虑，德国政府近期发布了一份关于自动驾驶车辆伦理方面的报告（BMVi，2017）。

目前，欧盟正在与其成员国、汽车制造商、电信公司和其他行业利益相关方合作开展立法工作，以确保互操作性[①]。

公共政策通过推动建立方便查询和集成 API 的平台来共享与维护高质量的数据库，有助于促进创新的出行服务模式和加速多式联运的发展（Shaheen et al.，2016）[②][③]。很好地维护这类可公开访问的数据库，才能确保在得到准确数据的同时保护个人隐私。

在公路货运领域，整个供应链的数据、资产和服务共享可以显著改善货运物流（IEA，2017a）。政府还可以推动汇总信息的上报（例如，在特定时间、特定地点的车辆、货物和距离信息），使行政当局能够在不影响保密的情况下监测公共政策的影响。所有数据集都需要满足高标准的网络安全要求（参见第 6 章）。

2. 迈向智能可持续的出行

政策有助于引导自动化互联出行向节能减排方向发展。例如，逐步引入基于距离[④]和拥堵的运输定价可以缓和高水平自动化带来的潜在回弹效应[⑤]，还可以采纳其他有助于引导消耗兴趣和支出转向共享出行的措施，以抑制能源消耗和排放。这对于汽车拥有量日益增长的市场尤其有效，如中国、印度，以及其他新兴经济体。在公路货运方面，全球卡车尺寸和物流托盘的标准化可以提高燃油效率；同样地，采用标准化的集装箱能够显著提升海运运营效率。

政策还可以发挥共享、自动化和电气化的协同作用，加速电动汽车的推广。欧盟委员会的"欧洲交通"（Europe on the Move）战略旨在彻底改革现有立法

[①] 在数字化单一市场战略框架下，欧盟委员会制定了"合作、互联和自动化出行"的立法优先事项，详情参见 https://ec.europa.eu/digital-single-market/en/cooperative-connected-and-automated-mobility-europe。

[②] "多式联运"是指多种交通模式（例如，步行、骑行、公共汽车、城市轨道交通和小汽车等）的旅行无缝连接。

[③] 例如，《芬兰交通规章》正在实施的方法是建立公共实体，作为出行数据库的长期保存机构和数据交换中心（Ministry of Transport and Communications，2016），可使应用程序开发人员和广大公众方便获得数据。美国华盛顿特区、波士顿和旧金山的共享出行运营商通过自愿或授权，已经与公共机构共享数据（Shaheen, Cohen and Zohdy，2016）。巴西里约热内卢的公共交通应用程序 Moovit 与 Google Waze 的合作整合了实时道路交通数据和公共交通数据（Olson，2014）。

[④] 基于距离的定价应根据车辆的燃油效率和/或污染物的排放性能进行区分。

[⑤] 当能效提高（导致能源成本降低）所带来的节能效应可刺激能源消耗和整体支出增加，从而抵消技术节约潜力时，就会发生回弹效应。例如，高水平的自动化可以提高能源效率，但成本降低也可能导致整体驾驶活动大幅增加。

并制定新举措，以促进"清洁、有竞争力和互联互通的出行"（European Commission，2017）。Lyft 等网约车服务提供商已设定了目标，将使用 100%可再生能源供电的自动驾驶电动汽车提供出行服务（Zimmer，2016；Zimmer and Green，2017）。

2.3　建　筑　业

2.3.1　能源服务供给的数字化

数字化具有巨大的潜力，能够改善建筑物的能源服务和用户舒适度，同时还可以降低整体能源消耗。智慧能源管理能够：

1）通过提高能源服务的响应能力（如使用照明传感器）和预测用户行为（如通过学习算法自动控制供暖与制冷），确保在合适的时间和地点使用能源。

2）启用需求响应以降低峰值负荷（如改变洗衣机的使用时间）、甩负荷（如在特定时间调整温度降低用能）、存储能源（如智能供热网），从而对实时能源价格或用户指定的其他条件做出响应。

3）实时预测、量测和监控建筑物的能源性能，使消费者、建筑管理者、网络运营商和其他利益相关方，能够确定何时何地进行维护、何时投资未达到预期或何地能够实现节能。

使用主动控制系统可以替换、打开和关闭建筑物的能源负荷，该系统使用传感器收集、处理和适应实时数据，并能够通过单一终端（例如，智能手机或平板电脑应用程序）进行管理。主动控制还可以集成和智能连接建筑能源服务与电网信息，以更好地管理供需。这一集成结合了算法和市场信息，有助于降低发电部门和消费者之间的交易成本。在零售市场中，聚合多个终端用户的分布式能源负荷使得调整需求成为可能，既有被动响应（如使用价格信号），也有主动反应（如基于消费者偏好）（参见第 5 章）。

2.3.2　建筑数字化对能源消耗的影响

建筑行业能耗占全球终端能源消耗的近 1/3，用电占全球电力消耗的 55%。在过去 25 年中，建筑物的电力需求增长迅速，占全球电力消耗增长总量的近

60%。在中国和印度等快速发展的经济体，过去十年建筑物的电力需求年平均增速达 8%以上。国际能源署中心情景显示，到 2040 年建筑物用电量将从 2014 年的 11 拍瓦时（PWh）增加到约 20 拍瓦时，几乎翻番，因此需要大幅增加发电量和电网容量。

假设消费者用能的回弹效应有限，相比于国际能源署中心情景，使用实时数据提高建筑物的运营效率可以将 2017~2040 年的总能耗降低 10%（图 2.4）。这一期间的累计节能量将达到 65 拍瓦时，相当于 2015 年非 OECD 国家的终端能源消耗总和。

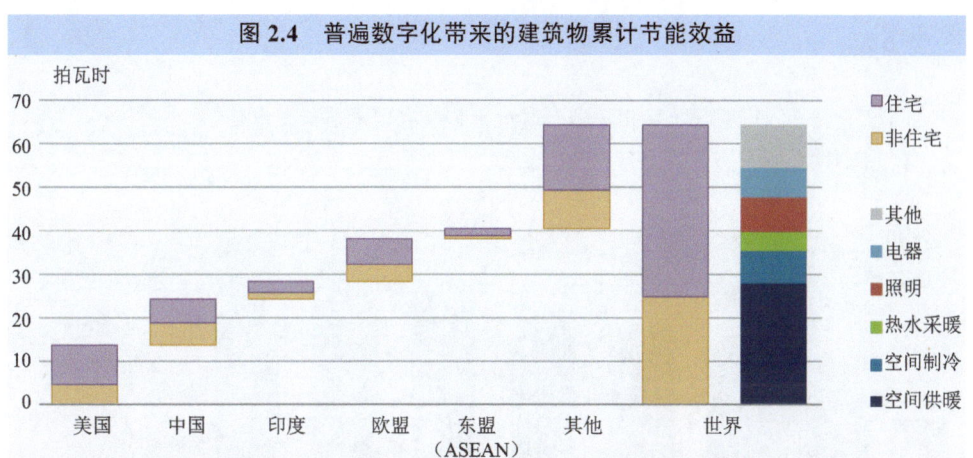

图 2.4 普遍数字化带来的建筑物累计节能效益

关键信息：假定回弹效应有限，在建筑物中广泛部署主动控制系统到 2040 年能够累计节能 65 拍瓦时，相当于 2017 年建筑行业能耗总量的两倍。

注：非住宅包括用于批发和零售贸易、仓储、教育、卫生医疗、酒店和商业活动的建筑物，以及写字楼和公共建筑。

建筑物潜力最大的节能领域是供暖、制冷和照明，这些占到 2015 年建筑物终端用能总量的 60%以上。例如，智能温控器能够改进供暖与制冷负荷的管理，甚至远程控制整个建筑物的温度。这保障了良好的舒适性，同时在不需要供暖和制冷的情况下，保持并提高节能效果。更进一步地，智能温控器结合学习算法还可根据住户在场与否、住户偏好、天气条件预测和其他信息（如能源价格）进行建筑物空间自动预热或预冷。

智能控制和互联设备（包括最简单的空间占用传感器和图像传感器）即使在待机状态下也需要消耗能源，以保持互联在线（有关互联设备等数字技术的直接能耗分析参见第 5 章）。建筑物内电器的待机功率可能很大，如智能照明灯具的功率范围从 0.15 瓦（W）到超过 2.71 瓦，如果全年 24 小时全天候运行，每个灯具待机的耗电量可能多达 25 千瓦时（kWh）（Kofod，2016）。因此，互联照明灯具每年在待机模式下消耗的能源比照明使用的能源更多，其净能效增益降低一半以上。

在许多市场中，建筑物互联设备（不管是智能设备，还是非智能设备）潜在的用能增量已较为可观。例如，近年来连接到通信网络的家用电器数量迅速增长，包括从电视机、洗衣机到门铃和安全摄像头等，2015 年其总能耗估计达到 360 太瓦时，占当年家用电器和其他小型家庭负荷用电总量的 13%（图 2.5）。国际能源署中心情景预计，到 2040 年将有 50% 的家用电器能耗来自互联设备，这为部署智能需求响应提供了机遇[①]，但同时也增加了待机电源需求。

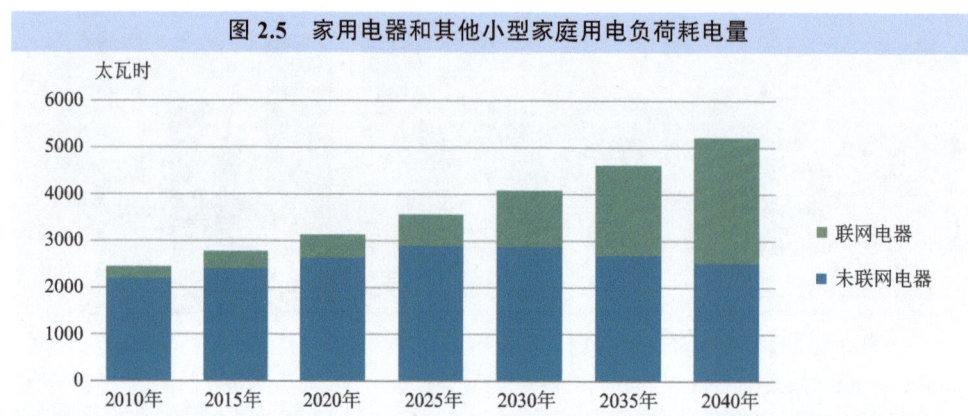

图 2.5　家用电器和其他小型家庭用电负荷耗电量

关键信息："联网"家电在家用电器耗电总量中所占份额预计将迅速增长，为部署智能需求响应提供了机遇，但同时也增加了待机电源需求。

注：就电视而言，只有"智能电视"被视为联网电器，不包括那些连接到有线电视网或其他广播网络的电视。

预计在未来 25 年内，规模经济效应和产品的持续改进将使主动控制设备的能源强度减半，耗电量从 2010 年的约 2 千瓦时/（米^2·年）[kWh/（m^2·a）]降到 2040 年的 1 千瓦时/（米^2·年）（图 2.6）。国际能源署中心情景预计，到 2040 年全球范围内主动控制系统的部署将耗电 275 太瓦时，占建筑能耗的 0.7%。这远远低于届时智能控制系统将节省的耗电量（4650 太瓦时）（IEA，2017b）。

[①] 智能需求响应是指消费者、智能控制系统和互联设备根据基于时间计价或其他形式的财政激励来调节用电情况。

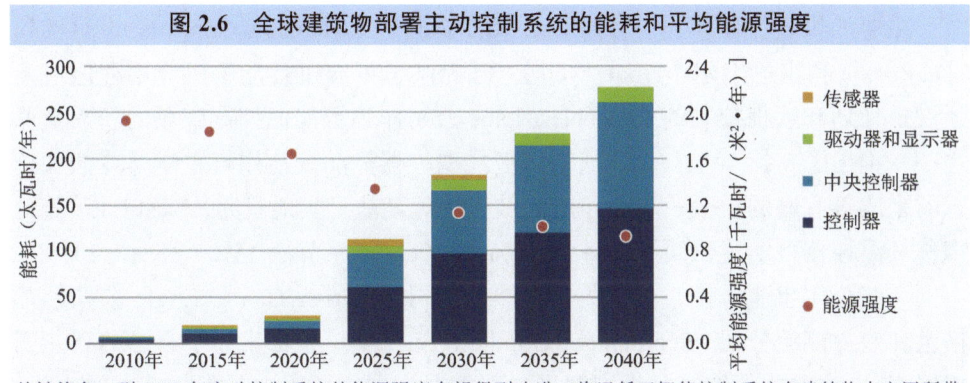

图 2.6 全球建筑物部署主动控制系统的能耗和平均能源强度

关键信息：到 2040 年主动控制系统的能源强度有望得到改进，将远低于智能控制系统在建筑物中应用所带来的潜在节能效益。

注：传感器包括空间占用传感器和照明传感器；中央控制器从整个住宅或建筑物收集数据并监控运行单元；控制器只在建筑物中的特定区域运行。

除了节约能源之外，建筑物中的互联设备和主动控制系统还可为消费者提供更好的舒适度，并带来显著的社会和健康效益。例如，欧盟中有大约 11% 的人口无法负担家庭供暖费用（Pye and Dobbins，2015）。国际能源署成员国中有多达 15% 的家庭陷于能源贫困状态（IEA，2017c）。通过合适的融资工具和支持机制部署的主动控制系统能够优化供暖与制冷负荷，将有助于减少建筑物能源消耗，使居住者享受更健康的温度环境，并减少家庭的供暖与制冷支出。

1. 智能温控器

智能温控器是可编程的互联设备，有助于家庭监控和调节供暖与制冷负荷。根据建筑和控制技术的不同，智能温控器可节约 15%～50% 的能源（Grözinger et al.，2017）。智能温控器还可以自动学习，通过是否在家、居民日常活动，乃至在线天气预报数据改进建筑物（甚至区域或房间）的用能管理。优化预测供暖与制冷负荷也可以改善设备和/或网络运行（如优化压缩机工作循环和提升热交换器利用率）。与此同时，智能温控器还有助于公用事业单位在建筑中部署需求侧响应系统，调节可能对电网产生重大影响的峰值供暖与制冷负荷。

在美国，智能温控器的购买占比从 2014 年家用温控器总销量的 3% 翻倍至 2016 年的 6%（Wilczynski，2017）。在全球范围内，互联智能温控器及其软件和服务的销售收入预计将从 2016 年的 11 亿美元增加到 2025 年的 44 亿美元（包括北美地区的 16 亿美元、亚太地区的 13 亿美元和欧洲的 11 亿美元）（Navigant Research，2016）。

主要的供暖与制冷设备供应商，如江森自控（Johnson Controls）、丹佛斯（Danfoss）和霍尼韦尔（Honeywell），已提供了可通过智能手机应用程序或蓝牙设定计划和远程控制的产品。Nest Labs公司作为智能温控器市场的新兴企业之一，推出了支持WiFi无线通信的智能温控器产品，使用自主学习算法和传感器来改善家庭的供暖、制冷和热水供应管理。基于实地研究，Nest Labs公司声称其温控器可实现供暖平均节能10%～12%，制冷节能15%（Nest，2015）。

一些公用事业单位，包括英国天然气公司（British Gas）、Engie公司、苏格兰和南方能源公司（Scottish and Southern Energy），也都发布了自己的智能温控器产品。这些非传统产品供应商进入智能温控器市场反映了不断扩大的商机，这也有助于确保公用事业供应商为客户提供优质控制产品的竞争优势。同时，鼓励使用智能温控器也有助于削减新增发电容量的投资需求。

通过奖励在供暖或制冷高峰期调整温度设置的客户，美国部分公用事业单位正在探索挖掘智能温控器的需求侧管理潜力（National Grid，2017）。公用事业单位同样可利用智能设备收集的数据来确定开展下列工作的时机：启动能效计划或提供新服务［如通过能源服务公司（ESCO）］，增加改善能效的支出（如隔热改造、使用更高效的供暖/制冷设备）等。还有其他一些商业模式，如WattTime，在智能温控器中集成了相关软件，能够根据电网运营商提供的可再生能源可用性实时数据来调节电热供暖与制冷（如空调的开关循环）。

各国政府开始在推行智能温控器方面提供重要的参考信息。例如，美国国家环境保护局（United States Environmental Protection Agency）通过能源之星计划（Energy Star Program）来认证最节能的供暖与制冷设备，迄今已认证了七款温控器（Energy Star，2017）。

2. 智能照明

随着发光二极管（LED）技术的日益普及，全球照明市场正在迅速发生着变化。2016年，LED销售额已占到全球住宅市场的30%左右（IEA，2017b）。特别是随着LED技术发光效率［以流明/瓦（lm/W）为单位］的持续提升，照明市场向LED的转型可能会重塑照明服务和用能。市场中新的LED产品发光效率现在能够达到住宅用150流明/瓦（标准紧凑型荧光灯仅能达到50～70流明/瓦）、商用200流明/瓦的水平。

智能照明（如连接到建筑物控制系统的高性能LED）可以处理大量信息，如用户偏好、日照条件和建筑物入住率等。智能照明不仅有潜力提高照明和建筑能源服务质量，还可以实现显著节能效益。国际能源署预计，除了利用LED

带来的节能效益外,相比于中心情景,智能照明在 2017~2040 年还能累计节省约 8 拍瓦时的用电量,占这一时期照明终端能源消耗总量的 14%。其中,智能照明节能量的 3/4 来自商业建筑(图 2.7)。

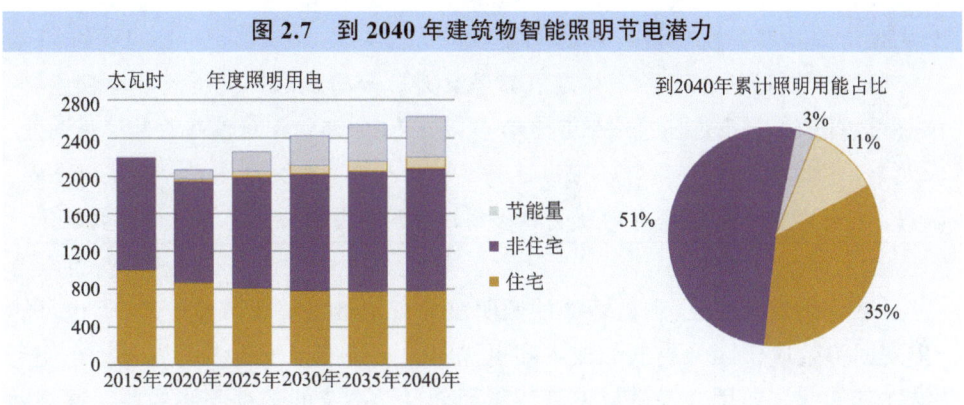

图 2.7　到 2040 年建筑物智能照明节电潜力

关键信息:到 2040 年智能照明可以削减超过 20%的全球建筑照明用电需求。
注:除了国际能源署中心情景预计的普及 LED 照明所产生的节能效益外,智能照明(包括传感器和数字控制)的节电潜力也计为节能量。

建筑物的智能照明还有助于降低其他终端用途(如供暖与制冷)的能耗,同时提高建筑服务的质量和附加值。例如,配备传感器的 LED 可直接与建筑物能源管理系统进行交互,提供供暖与制冷所需要的住户入住率、活动或日照等相关信息。最新的 LED 技术还可以直接集成到建筑物的以太网中,将照明转化为建筑服务和信息工具(例如,利用地点数据来定位建筑物内的特定房间或位置)(参见专栏 2.2)。

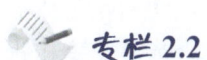 **专栏 2.2**

LED 作为能源服务的增值工具

近期,LED 技术的发展正在迅速重塑照明市场,并有潜力提供增值服务。例如,法国零售业巨头家乐福(Carrefour)和阿联酋购物中心 Aswaaq 正合作利用 LED 开发光定位技术,以提升顾客的购物欲望(Philips, 2015)。可见光无线通信技术(或 Li-Fi)以人眼难以察觉的频率调制可见光,生成独特的 LED 数字信号。该信号可发送至智能手机,方便顾客搜索产品位置和商店地图信息。

光定位数据还可用于提供个人定制化的能源服务,如在写字楼中某个特定空间的个性化供暖、制冷或照明。荷兰阿姆斯特丹的 Edge 建筑结合"以太网供电"（PoE，使用单根线缆同时提供数据连接和电力）和 LED 技术即是范例之一。集成到建筑物信息技术网络的光传感器提供了住户行为方式和能源消耗的信息，有助于建筑物管理者为住户提供更为有效和高效的服务，如优化清洁日程、空间使用和通风等。

LED 照明的增值服务还体现在建筑之外，如街道照明。能源效率服务有限公司（EESL）已在印度安装了 350 多万盏 LED 路灯。这些路灯除了提高能源效率、为驾驶员提供更好的可视性和改善行人安全外，还可以传输实时个人数据，以帮助运营商提高电网监管和控制性能、解决相关问题和提供公共服务。

虽然更高效的 LED 和更智能的照明服务有望带来整体节能效果，但也可能会出现回弹效应，因为更低的成本和更优质的照明催生了更多的需求。在住宅领域尤其如此，向用户提供从定制环境到全自动系统的多种照明选项，这一做法更倾向于用户控制而非能源管理。相比之下，商业建筑中的智能照明服务似乎具有大得多的节能潜力，因为照明服务往往更加明确（如工作空间和会议室的基本照明），并且降低运营维护成本的需求更为迫切。同样地，在街道等公共场所除换用 LED 灯带来的直接节能效果外，应用智能照明还可以进一步削减能源消耗，如将路灯连接到交通信号灯和其他交通管理工具等。此外，在公共照明场所使用 LED 还可以提高地区安全性。

2.3.3 数字化面临的障碍和政策思考

在实现建筑行业广泛数字化的道路上还面临着许多障碍。这些问题包括个人隐私、技术障碍和经济障碍等，所有这些因素都会影响到是否选择安装和使用传感器与设备，以便为建筑管理系统提供数据和智能控制。考虑到优化建筑物能源消耗可能节约的电网成本，公用事业单位可能会采取财政激励措施并引入创新的资费计划，以鼓励业主和居住者采用数字技术。同时，还需要开展更多的工作向终端用户普及数字化带来的益处，如提高舒适度和节省成本等。

建立互联设备的标准对于建筑数字化的前景至关重要。政策制定者和企业需要确保设备能够使用开源或兼容软件提供与接收信息，以实现跨技术的互操作性。互联设备的通用技术标准将有助于确保其在不同层面的互操作性（如与其他设备、与建筑物管理系统或与电网）。标准还有助于确保用户友好性和产品可操作性；设计、界面和人机工程学都会影响到设备的使用情况，进而影响到能耗节省程度。

能源服务的商业新模式也有助于克服建筑数字化的障碍。大规模部署智能建筑能源管理工具和设备需要采用不同的方式来提供能源。在传统层面上，建筑物业主、物业、住户通过购买电器和设备（如锅炉和灯泡等），以提供特定的能源服务（如供暖），其方式与他们从公用事业供应商购买能源的方式相同，通常为数量计量的采购合同。在数字化未来，随着建筑能源系统变得越来越复杂（安装成本可能更高），提供一组配套的能源服务而非仅是能源计量的商业新模式可能更有意义。这些新的商业模式还可以带来更广泛的能效效益，如可能要求服务供应商（通常更易于调整）满足最低限度的建筑能源性能等。

能源服务公司或类似商业模式的出现创造了提供综合能源服务套餐的机遇，如智能控制与热泵技术的结合、合理的建筑改造措施等，可为各种设备和终端应用提供节能效益。节能技术批量采购和白色证书[①]等支持性政策框架可降低产品成本，并确保实现节能目标。

2.4 工 业

工业使用数字技术的历史十分悠久，最初是为了提高安全性并通过自动化提高产量。其他的效益还包括减少停机时间、降低运营成本、减少能耗和提高产品质量等。本节重点介绍工业中的制造业、建筑业和采矿业。虽然工业包含许多不同的子行业、流程和产品，但数字化带来的许多效益都是相似的。例如，通过加强数据收集和分析来优化生产过程、提高能源效率和减少浪费，这些都适用于所有的生产过程。尽管如此，有些技术的实用性在某些特定行业中的作用更为明显，如通过计算机控制系统沉积连续的材料层来创建目标对象的 3D 打印技术。

2014 年，工业能耗占全球终端能源消耗的 38%，二氧化碳排放占全球二氧化碳排放总量的 24%（IEA，2017a）。随着未来数十年工业生产的持续扩张，特别是在新兴经济体，数字化在提高能源效率和材料利用率上的价值只增不减。虽然近期工业数字化将继续渐进式发展，但部分数字技术可能会对特定领域的能源消耗产生深远影响，特别是当多项技术结合使用时。

---

① 这是由授权机构签发的可交易工具，通常与公用事业单位的节能义务相结合，保证实现特定的节能量。

一个特定企业或行业接受或受数字化影响的程度取决于以下几个因素：生产过程的复杂性（即生产过程可实现自动化的程度及其对作业参数变化的敏感程度）；企业的财务能力；受能源价格波动的影响；市场竞争；供应链的灵活性等。文化因素也会影响数字化的进程和速度，特别是企业是否有采用新技术或改变既有运营方式并承担高风险的意愿。

数字化对人的影响，特别是数字技术可能带来的运营和维护生产过程的裁员需求，是另一个可能限制其发展的因素。此外，网络安全和数据隐私问题也可能会阻碍某些行业的广泛数字化（参见第 6 章）。

数字化对工业的影响可分为工厂之内发生的变化和工厂之外产生的影响（图 2.8）。本节将逐一进行分析。

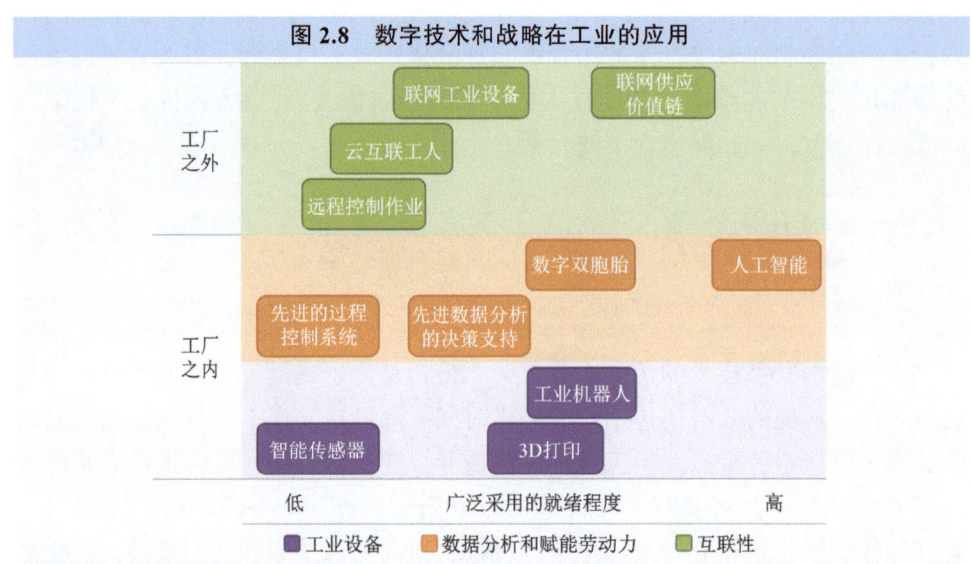

图 2.8　数字技术和战略在工业的应用

关键信息：工业的数字化可采取多种形式，从自动化设备到不同地点的工业作业互联等。
注：数字双胞胎实际上是虚拟复制一个真正的工厂；赋能劳动力指的是通过使用数字技术增强工人技能。
资料来源：基于 World Economic Forum（2017a，2017b）

2.4.1　工厂之内的数字化

工业过程控制的数字化程度因行业而异，反映了自动化的程度，如图 2.9 所示。引入更多更智能的传感器监控从作业条件到设备状态等各种参数，可以识别和诊断系统低效率的原因，并制定运营和维护计划，通过预测设备故障来减少停机时间。目前的发展趋势是开发"即插即用"和可互操作的监控与优化软件，易于操作且可推广至不同工业过程和不同规模的企业。先进数据分析还可以在短时间内分析大量数据，帮助作业人员做出高度复杂的决策，有助于排除设备故障，甚至在紧急事件中采取纠正措施。

图 2.9　工业过程控制数字化的三个阶段

离线开环控制	在线开环控制	自主闭环控制
数字仪表和传感器收集系统性能数据，但控制和优化操作是由作业人员手动实施	数字仪表和传感器收集系统性能数据，由控制算法确定优化行动，但由作业人员手动实施	数字仪表和传感器收集系统性能数据，由控制算法确定优化行动并由数字系统自动实施

关键信息： 提高数字化水平可加强过程控制自主化程度。
资料来源： DRET（2013）

工业活动类型、管理系统、文化和供应价值链整合的程度不同，所产生的节能潜力也不尽相同，因此很难用单一的数字去衡量工业数字化产生的节能量。实际工厂数据表明，采用先进的数字过程控制能够在净成本增加很少甚至不增加的情况下显著提高能效。

有两个案例可以展示这一潜力。在美国，1987～2015 年中小型制造商通过过程控制改善措施节省的能源费用超过 3.3 亿美元，而这一期间的总投资成本为 2.35 亿美元（图 2.10）。这些改善措施的平均回报周期通常不到一年。随着计算技术的进步，在 20 世纪 90 年代后期和 21 世纪初期，这些措施带来的节能效益显著增加。20 世纪 90 年代后期以来，累计节能效益与投资成本之间的差距扩大，反映了技术进步以更方便、成本更低的方式来优化过程控制、提高能效。

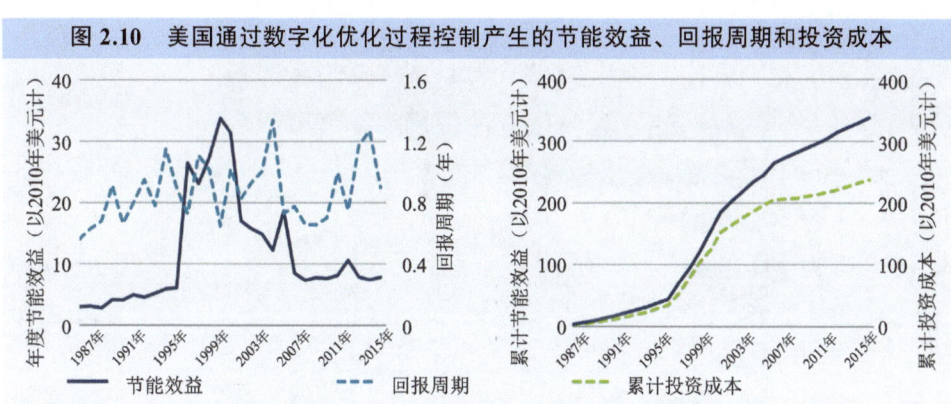

图 2.10　美国通过数字化优化过程控制产生的节能效益、回报周期和投资成本

关键信息： 通过数字化改进过程控制可以提供可观的节能和经济效益。
注： 这些措施由美国能源部资助并由工业评估中心（IAC）承担的审计工作确定。节能效益取决于在给定年份开展的审计次数、推荐的建议措施数量，以及接受审计的公司数量。
资料来源： IAC（2017）

根据国家工业能效政策优化过程控制的节能效果分析结果，澳大利亚也出现了类似的工业节能案例（图2.11）。大部分潜在节能效果的投资回报周期不到两年，时间越长节能效果越好。

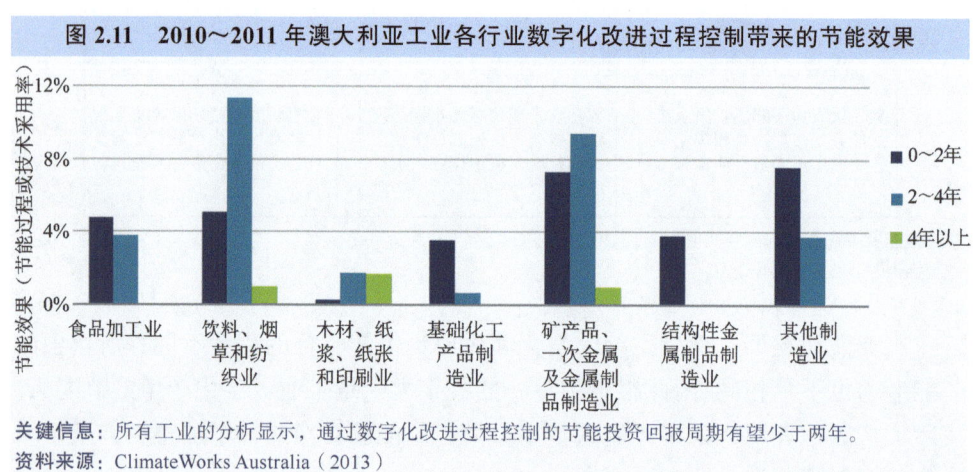

图2.11 2010～2011年澳大利亚工业各行业数字化改进过程控制带来的节能效果

关键信息：所有工业的分析显示，通过数字化改进过程控制的节能投资回报周期有望少于两年。
资料来源：ClimateWorks Australia（2013）

数字技术同样影响产品的生产制造方式。例如，工业机器人和3D打印等技术正在成为某些工业应用的标准实践。这些技术有助于提高精确性并减少工业废料。

近年来，全球工业机器人供应量大幅增长（图2.12）。2010年以来，工业机器人的销售额平均每年增长16%，这主要受新兴经济体，特别是中国的推动。2015年，中国占全球工业机器人供应量的27%，其中汽车行业和电气/电子行

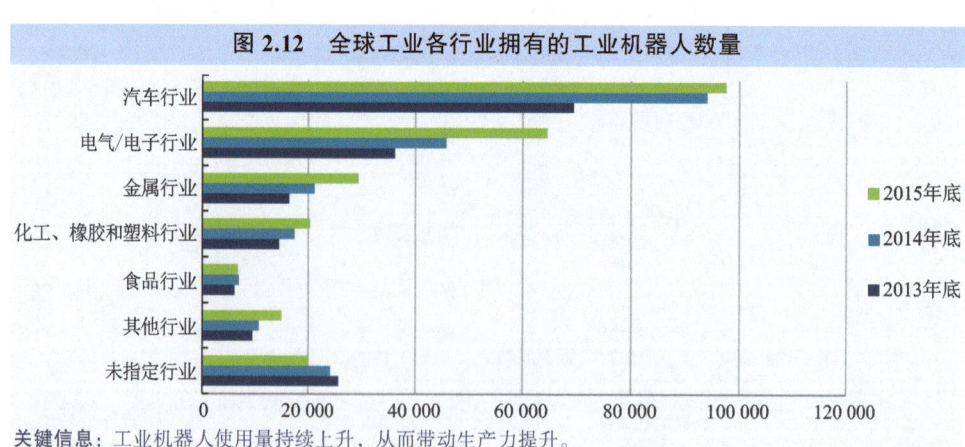

图2.12 全球工业各行业拥有的工业机器人数量

关键信息：工业机器人使用量持续上升，从而带动生产力提升。
资料来源：IFR（2016）

业的工业机器人部署数量全球领先。工业机器人的推广预计将继续快速增长，其保有量将从2015年的约160万台增加到2019年的近260万台（IFR，2016）。

随着工业数字化进程的推进，3D打印作为最具代表性的工艺技术之一，最有可能变革某些工业领域（Cotteller and Joyce，2014）。3D打印可以按需直接从数字3D文件逐层制造塑料和金属部件。与传统制造相比，它具有如下优点：交付周期短、废料少、库存成本低、制造复杂性低、占地面积小、复杂形状和几何结构的制造能力强（Huang，2016）。它可以在合适的条件下节省大量的能源和资源。作为一种电力驱动工艺，它还促进了热成型工艺的电气化，如金属铸造和锻造。随着发电脱碳化，该技术的应用可以使二氧化碳排放量降低。

3D打印还可以生产具有不同或新颖形状的新物体，可以改善最终产品的功能并且在非工业产生节能效果。例如，一些飞机制造商已利用该技术生产轻量化飞机部件，以降低燃料消耗（Airbus，2016）。

3D打印市场近年来发展迅速。2016年，全球3D打印行业产值增长17.4%，达到61亿美元，并有望于2020年超过210亿美元（Wohlers Associates，2017）。然而，目前该技术的推广还面临以下障碍：生产成本高、生产率低、难以满足某些特定产品的技术要求（Huang，2016；Huang et al.，2017）。由于这些原因，迄今该技术主要限于航空制造业（参见专栏2.3）、医疗和交通行业的高价值应用。

专栏2.3　美国航空制造业的3D打印应用

需要利用全生命周期评估法来评估3D打印能够实现的能源和资源净节约效益。最近的一项研究量化评估了到2050年各种应用情景中，美国航空制造业中轻质金属增材制造部件对能源和资源的影响（Huang et al.，2016）。评估发现，在短期内有9%~17%的飞机总用料可以用较轻的3D打印部件替代。这会带来两种环境效益：①到2050年替代部件降低的材料用量每年可节省近2万吨的金属需求；②由于飞机质量减轻，到2050年可以使美国航空制造业的总体燃料消耗量降低6.4%。在快速推广3D打印组件的情景中，到2050年累计燃料节约量将相当于2015年美国国内航空燃料消耗量的75%（图2.13）。

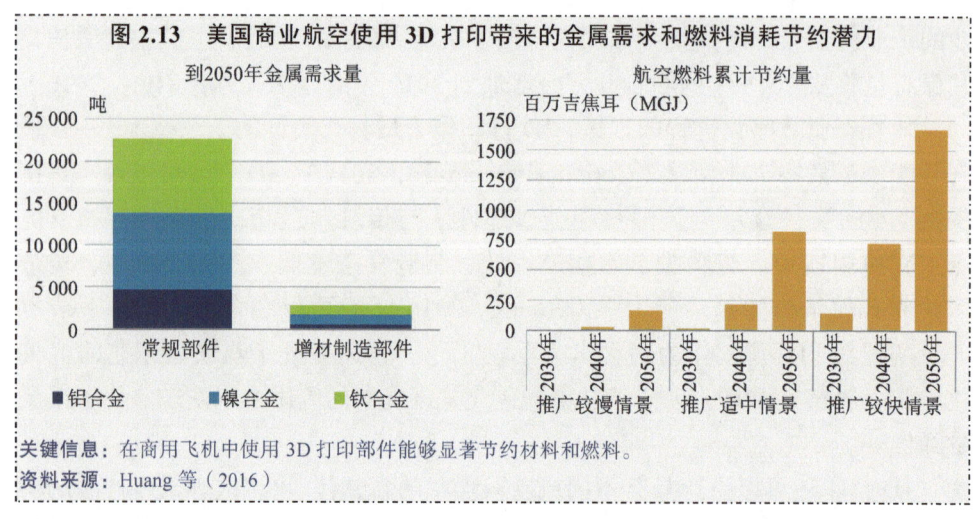

图 2.13 美国商业航空使用 3D 打印带来的金属需求和燃料消耗节约潜力

关键信息：在商用飞机中使用 3D 打印部件能够显著节约材料和燃料。
资料来源：Huang 等（2016）

数字化还可以加速工业创新。通过虚拟复制现实工厂来创建"数字双胞胎"，准确模拟外界变化对现有生产过程的影响，节省产品设计及生产工艺开发与优化的时间和资源，从而使新产品更早地进入市场。增强数据收集和分析能力可以提高行业对消费者范式与社会需求的认识。当与人工智能或机器学习、自动化和智能机器人相结合时，虚拟和自主实验成为可能。这种实验能够极大地提高行业的创新能力并能以更快的速度实施，因为它节省了利用实体工厂的试验成本，后者需要消耗停机时间并使用大量能源和其他资源。例如，化工产品制造商利用模拟实验和优化技术将生产发泡聚苯乙烯的批次时间[①]减少了30%。这产生了显著的节能效果，大大减少了生产时间和成本（World Economic Forum，2017a）。

数字化还能够大幅缩短创新周期的"边做边学"（learning-by-doing）阶段持续时间，提高经济性。这一阶段，工业界通过学习实践中的经验教训来改进运营实践和产品设计。通过持续不断的数据收集和分析，工厂运营的经验可以实时集成到新的和改进的工程设计中。由于新的工业过程能够更快达到优化的能源性能，缩短"边做边学"阶段持续时间将带来现实的节能效果。

2.4.2 工厂之外的数字化

数字化对工业的影响还扩大到了工厂范围之外。数字化可以将特定工业设

[①] "批次时间"是指化学反应过程的持续时间。

施与周围环境互联，从而开辟一系列新的机遇。例如，数字化能够更好地连接产品价值链上的各个生产者，从而促进材料的再利用和再循环。

现在已有基于云的协作平台，便于制造商交换可用的多余原材料、工业副产品和废弃物等信息。以"材料市场"（materials marketplace）为例，这一在线平台能够让生产者找到传统和非传统工业废物流的出路[①]。通过使用虚拟供应商的实时需求数据可以调节库存、优化供应链，从而最大化资产利用率，并最大限度地降低货运成本。

通过将工业设备联网，企业还可从发现和提供当地废物流可用性的实时信息中获益，这些废物流可加以利用并替代其他能源形式。相应案例包括利用过剩的热量、有机废物和废气等产热或发电，从而降低工厂的能源采购成本和环境足迹。

在企业内部开展不同厂址的能源性能基准数据分析，能够识别节能的瓶颈和潜在机遇，同时云互联工人也会受益于动态的经验教训信息交流。最小化能源成本可以降低公司遭受能源价格波动的风险，并增加竞争优势。

自主闭环控制（参见图 2.9）可远程控制不同设施的工业过程，以实时适应市场需求变化和能源供应限制，从而防止系统效率低下。已有很多大型工业综合体实现高度数字化的案例，包括企业运营管理系统实时收集生产过程中的数据，并远程更新工厂状态数据库（World Economic Forum，2017a）。

2.4.3 数字化面临的障碍和政策思考

精确信息匮乏、技术专业知识短板和文化障碍可能会限制不同工业深度数字化的发展。向利益相关方普及数字化带来的效益有助于克服这些问题。目前，技术和服务供应商已成为数字化信息的主要来源。缺乏领域技术专业知识的公司可能很难理解如何利用现有的新技术。

政府需要向工业企业更积极地提供相关建议，特别是对那些可能没有接触太多数字技术的中小企业。政府还可以推动能源管理系统的应用，利用先进的过程控制识别和监控能效改进程度。在许多国家，能源管理系统（如能源管理全球标准 ISO 50001）的推广主要受到政府政策或激励措施的驱动。

政府支持研发（R&D）活动还可降低投资风险，拉动私营部门对数字技术

---

① 参见 http://materialsmarketplace.org/。

的工业投资。有潜力的研发机遇包括：扩大 3D 打印的适用性、增强数据分析的能力以解决复杂问题和实现自动机器学习。公私合作也是一种支持数字技术工业应用示范和试点项目的有效机制，能够减少预知的风险并加速数字技术的推广。

政策还需要鼓励工业界参与到电力需求响应中，在这一过程中数字化能够改进过程控制和实现更广泛的互联。通过减少工业厂址连接电网和区域供热网络的障碍，以及利用创新的商业模式，政策制定者和监管机构能够推动工业企业更方便地参与到需求响应中（参见第 4 章）。

虽然扩大互联性可以提高企业、供应链和工业的生产力，但要充分实现这些效益还需要制定网络安全和数据隐私政策并开展相关工作。数字化对就业和职业技能的影响，尤其是在工业，也将带来巨大的挑战（参见第 6 章）。

参 考 文 献

Abuelsamid, S., Alexander, D., and Jerram, L. (2017). Navigant Research Leaderboard Report: Automated Driving. www.navigantresearch.com/wp-assets/brochures/LB-NGBC-16-Executive-Summary.pdf.

Airbus (2017). "Planes can talk, let's listen". http://airbus-xo.com/planes-can-talk-lets-listen/ (accessed 22 June 2017).

Airbus (2016). "Innovative 3D printing solutions are 'taking shape' within Airbus", Airbus press release. www.aircraft.airbus.com/newsevents/news-events-single/detail/innovative-3d-printing-solutions-are-taking-shape-within-airbus/ (accessed 24 July 2017).

Arbib, J. and Seba, T. (2017). Rethinking Transportation 2020-2030. www.rethinkx.com/transportation.

Archambault, P., et al. (2015). "Monetizing the rise of Autonomous Vehicles". Cars 2025 (Vol. 3). Goldman Sachs. http://pg.jrj.com.cn/acc/Res/CN_RES/INVEST/2015/9/17/f70472c6-f4ad-4942-8eab-3c01f3c717a7.pdf.

Brown, A., Gonder, J. and Repac, B. (2014). "An Analysis of Possible Energy Impacts of Automated Vehicle." Road Vehicle Automation, 137-153. http://doi.org/10.1007/978-3-319-05990-7.

BMVi (Bundesministerium für Verkehr und digitale Infrastruktur) (2017). Ethics Commission: Automated and Connected Driving. www.bmvi.de/SharedDocs/EN/publications/report-ethics-commission.pdf?__blob=publicationFile.

Choo, S., Mokhtarian, P. L., and Salomon, I. (2005). "Does telecommuting reduce vehicle-miles travelled? An aggregate analysis for the US? Transportation, 32, 37-64.

Clewlow, R. R. (2016). "Shared-use mobility in the United States: current adoption and potential impacts on travel behavior". Transportation Research Board. www.reginaclewlow.com/pubs/TRB2016_SharedUseMobility_final.pdf.

Clewlow, R. R. and Mishra, G. S. (2017). Disruptive Transportation: The Adoption, Utilization, and Impacts of Ride-Hailing in the United States. Institute of Transportation Studies, University of California, Davis, Research Report UCD-ITS-RR-17-07.

ClimateWorks Australia (2013). "Industrial Energy Efficiency Data Analysis Project". www.climateworksaustralia.org/project/industrial-energy-efficiency/industrial-energy-efficiency-data-analysis (accessed 24 July 2017).

Cotteller, M., and Joyce, J. (2014). "3D opportunity: Additive manufacturing paths to performance, innovation, and growth". https://dupress.deloitte.com/dup-us-en/deloitte-review/issue-14/dr14-3d-opportunity.html (accessed 24 July 2017).

DRET (Department of Resources, Energy and Tourism (Australia)) (2013). "Case Studies in Systems Optimisation to Improve Energy Productivity". www.eex.gov.au/sites/g/files/net1896/f/files/2014/08/Systems-Optimisation-Case-Study-2013.pdf (accessed 24 July 2017).

Energy Star (2017). Certified Smart Thermostats. www.energystar.gov/productfinder/product/certified-connected-thermostats/results (accessed 24 July 2017).

European Commission (2017). "Europe on the Move - An agenda for a socially fair transition towards clean, competitive and connected mobility for all". Commission Staff Working Document, accompanying the document Communication from the Commission to the European Parliament, the Council, the European Economic and Social Committee and the Committee of the Regions, Brussels, 31.5.2017, SWD(2017) 177 final. http://eur-lex.europa.eu/legal-content/EN/TXT/PDF/?uri=CELEX:52017SC0177&from=EN.

Frost and Sullivan (2016). Future of Carsharing Market to 2025; Technology Advancements, Market Consolidation and Government Initiatives to Influence Market Growth Over the Next Decade, Report #MB4D-01, August 2016.

Fulton, L., Mason, J., and Meroux, D. (2017). Three Revolutions in Urban Transportation. Davis, CA. https://steps.ucdavis.edu/wp-content/uploads/2017/05/ITDP-3R-Report-v6.pdf.

Gartner (2016). Gartner's 2016 Hype Cycle for Emerging Technologies. www.gartner.com/newsroom/id/3412017 (accessed 21 June 2017).

Goodchild, A. and Toy, J. (2017). "Delivery by drone: An evaluation of unmanned aerial vehicle technology in reducing CO_2 emissions in the delivery service industry". Transportation Research, Part D: Transport and Environment.

Greenblatt, J. B., and Saxena, S. (2015). "Autonomous taxis could greatly reduce greenhouse-gas emissions of US light-duty vehicles". Nature Climate Change, 5(9), 860–863. http://doi.org/10.1038/nclimate2685.

Grözinger, J., et al. (2017). "Optimising the energy use of technical building systems – unleashing the power of the EPBD's Article 8". Ecofys, www.ecofys.com/files/files/ecofys-2017-optimising-the-energy-use-of-tbs-final-report.pdf.

Hern, A. (2017). "Assume self-driving cars are a hacker's dream? Think again". The Guardian, 30 August 2017.

www.theguardian.com/technology/2017/aug/30/self-driving-cars-hackers-security.

Horner, N. C., Shehabi, A., and Azevedo, I. L. (2016). "Known unknowns: Indirect energy effects of information and communication technology." Environmental Research Letters , 11(10), 103001.

Huang, R. (2016). A Multi-Scale Life Cycle Framework for the Net Impact Assessment of Additive Manufacturing in the United States. Northwestern University.

Huang, R., et al. (2017). "Cost minimization in metal additive manufacturing using concurrent structure and process optimization". Proceedings of the ASME 2017 International Design Engineering Technical Conference & Computers and Information in Engineering Conference IDETC2017. http://vdel.me.cmu.edu/publications/2017dac/paper.pdf.

Huang, R., et al. (2016). "Energy and emissions saving potential of additive manufacturing: the case of lightweight aircraft components". http://doi.org/10.1016/j.jclepro.2015.04.109.

IAC (Industrial Assessment Centers) (2017). IAC Database (database). https://iac.university/download.

IEA (International Energy Agency) (2017a). The Future of Trucks: Implications for Energy and the Environment. OECD/IEA, Paris.

IEA (2017b). Energy Technology Perspectives 2017: Catalysing Energy Technology Transformations. OECD/IEA, Paris.

IEA (2017c). Energy Access Outlook 2017: From Poverty to Prosperity. World Energy Outlook Special Report. OECD/IEA, Paris.

IFR (International Federation of Robotics) (2016). "Executive summary world robotics 2016 industrial robots". https://ifr.org/img/uploads/Executive_Summary_WR_Industrial_Robots_20161.pdf (accessed 24 July 2017).

Johnson, C. and Walker, J. (2016). "Peak Car Ownership: The Market Opportunity for Electric Automated Mobility Services". Rocky Mountain Institute. www.rmi.org/peak_car_ownership.

Kim, S. N., Choo, S., and Mokhtarian, P. L. (2015). "Home-based telecommuting and intra-household interactions in work and non-work travel: A seemingly unrelated censored regression approach". Transportation Research Part A: Policy and Practice, 80, 197-214. http://doi.org/10.1016/j.tra.2015.07.018.

Kofod, C. (2016). Smart Lighting-New Features Impacting Energy Consumption First Status Report. IEA 4E Solid State Lighting Annex Task 7. http://ssl.iea-4e.org/files/otherfiles/0000/0085/SSL_Annex_Task_7_-_First_Report_-_6_Sept_2016.pdf.

Larson, W., and Zhao, W. (2017). "Telework: Urban form, energy consumption, and greenhouse gas implications". Economic Inquiry, 55(2), 714-735. http://doi.org/10.1111/ecin.12399.

Li, K. et al. (2012). "Intelligent environment-friendly vehicles: Concept and case studies". IEEE Transactions on Intelligent Transportation Systems, 13(1), 318-328. http://doi.org/10.1109/TITS.2011.2170680.

McKinnon, A. C. (2015). "Postscript 1-Distribution by drone". In M. Piecyk, et al. (eds.), Green Logistics (3rd ed.). Safari Books Online.www.safaribooksonline.com/library/view/green-logistics-3rd/9780749471859/C19.xhtml.

Melo, P. C., and de Abreu e Silva, J. (2017). "Home telework and household commuting patterns in Great Britain". Transportation Research Part A: Policy and Practice, 103, 1-24. http://doi.org/10.1016/j.tra.2017.05.011.

Milakis, D., et al. (2015). Development of automated vehicles in the Netherlands: Scenarios for 2030 and 2050. https://repository.tudelft.nl/islandora/object/uuid:c22db456-b61a-4908-b2f6-51d16d5708f8?collection=research.

Ministry of Transport and Communications (2016). Transport Code Fact Sheet, 3/2016, 20 September, 2016. www.lvm.fi/documents/20181/880492/3-2016+Transport+Code.pdf/930dbb2c-d4c2-4248-a61c-3cb4fed8eaf9 (accessed 28 August 2017).

Mitchell, R. (2017). "Tesla reports fourth-quarter and full-year results, says Model 3 on track". Los Angeles Times, 22 February 2017. www.latimes.com/business/autos/la-fi-hy-tesla-earnings-4q-2016-story.html.

Morgan Stanley (2017). Shared Mobility on the Road of the Future. www.morganstanley.com/ideas/car-of-future-is-autonomous-electric-shared-mobility.

Narla, S. R. K. (2013). "The evolution of connected vehicle technology: From smart drivers to smart cars to... self-driving cars". ITE Journal (Institute of Transportation Engineers), 83(7), 22-26.

National Grid (2017). "The Smart Platform for Your Smart Home". www.nationalgridus.com/MA-Home/Energy-Saving-Programs/ConnectedSolutions (accessed 24 July 2017).

Navigant Research (2016). Communicating Thermostats, Smart Thermostats, and Associated Software and Services: Global Market Analysis and Forecasts, Navigant Research, www.navigantresearch.com/research/smart-thermostats.

Nest (2015). "Energy Savings from the Next Learning Thermostat: Energy Bill Analysis Results". Nest Labs, February 2015. http://downloads.nest.com/press/documents/energy-savings-white-paper.pdf.

Olson, P. (2014). Why Google's waze is trading user data with local governments. Forbes, 7 July 2014. www.forbes.com/sites/parmyolson/2014/07/07/why-googlewaze-helps-local-governments-track-its-users/.

Ory, D. T., and Mokhtarian, P. L. (2006). "Which came first, the telecommuting or the residential relocation? An empirical analysis of causality". Urban Geography, 27(7), 590–609. http://doi.org/10.2747/0272-3638.27.7.590.

Perlroth, N. (2017), "Electronic Setups of Driverless Cars Vulnerable to Hackers". New York Times, 7 June 2017. www.nytimes.com/2017/06/07/technology/electronic-setups-of-driverless-cars-vulnerable-to-hackers.html?mcubz=0.

Philips (2015). "Where are the discounts? Carrefour's LED supermarket lighting from Philips will guide you". www.newsroom.lighting.philips.com/news/2015/20150521-Where-are-the-discounts-Carrefours-LED-supermarket-lighting-from-Philips-will-guide-you (accessed 24 July 2017).

Pye, S. and Dobbins, A (2015). "Energy poverty and vulnerable consumers in the energy sector across the EU: Analysis of policies and measures". https://ec.europa.eu/energy/sites/ener/

files/documents/INSIGHT_E_Energy%20Poverty%20-%20Main%20Report_FINAL.pdf.
SAE International (2016). J3016: Taxonomy and Definitions for Terms Related to Driving Automation Systems for On-Road Motor Vehicles. http://standards.sae.org/j3016_201401/.
Schaller, B. (2017). Unsustainable? The Growth of App-Based Ride Services and Traffic, Travel and the Future of New York City. Brooklyn, NY. www.schallerconsult.com.
Shaheen, S., Cohen, A. and Zohdy, I. (2016). Shared Mobility: Current Practices and Guiding Principles. No. FHWA-HOP-16-022. 2016, https://ops.fhwa.dot.gov/publications/fhwahop16022/fhwahop16022.pdf.
Shaheen, S., et al. (2016). Smartphone Applications to Influence Travel Choices: Practices and Policies. No. FHWA-HOP-16-023. 2016. https://ops.fhwa.dot.gov/publications/fhwahop16023/fhwahop16023.pdf.
Slowik, P. and Kamakaté, F. (2017), "New mobility: Today's technology and policy landscape". International Council for Clean Transportation. www.theicct.org/sites/default/files/publications/New-mobility-landscape_ICCT-white-paper_27072017_vF.pdf.
Stephens, T. S. et al. (2016). "Estimated Bounds and Important Factors for Fuel Use and Consumer Costs of Connected and Automated Vehicles". National Renewable Energy Laboratory. Golden, CO. www.nrel.gov/docs/fy17osti/67216.pdf.
Tesla (2016). "All Tesla cars being produced now have full self-driving hardware". www.tesla.com/blog/all-tesla-cars-being-produced-now-have-full-self-driving-hardware (accessed 21 June 2017).
Toyota (2016). "Toyota Motor Corporation (TMC) announces financial results for fiscal year ended March 31, 2016", http://corporatenews.pressroom.toyota.com/releases/toyota-april-march-2016-financial-results.htm.
US Department of Transportation (2016). History of Intelligent Transportation Systems. Washington, DC. https://ntl.bts.gov/lib/59000/59200/59263/download1.pdf.
US Department of Transportation (2015). "Critical reasons for crashes investigated in the National Motor Vehicle Crash Causation Survey". https://crashstats.nhtsa.dot.gov/Api/Public/ViewPublication/812115.
Wadud, Z., MacKenzie, D., and Leiby, P. (2016). "Help or hindrance? The travel, energy and carbon impacts of highly automated vehicles". Transportation Research Part A: Policy and Practice, 86, 1-18. http://doi.org/10.1016/j.tra.2015.12.001.
Wadud, Z. (2017). "Fully automated vehicles: A cost of ownership analysis to inform early adoption". Transportation Research Part A: Policy and Practice, 101, 163-176.www.sciencedirect.com/science/article/pii/S096585641630739X.
Wible, B., Mervis, J., and Wigginton, N. S. (2014). "Rethinking the global supply chain". Science, 344(6188), 1100–1103. http://doi.org/10.1126/science.344.6188.1100.
Wilczynski, E. (2017). "Turning up the heat: The rapid surge in smart thermostat programs". www.esource.com/Blog/ESource/ES-Blog-3-6-17-Smart-Thermostats (accessed 24 July 2017).
Wohlers Associates (2017). "Wohlers Report 2017 shows vibrant new business activity in 3D printing with softened growth worldwide. https://wohlersassociates.com/press72.html (accessed

24 July 2017).

World Economic Forum (2017a). Digital Transformation Initiative: Chemistry and Advanced Materials Industry. http://reports.weforum.org/digital-transformation/wp-content/blogs.dir/94/mp/files/pages/files/dti-chemistry-and-advanced-materials-industry-white-paper.pdf.

World Economic Forum (2017b). Digital Transformation Initiative: Mining and Metals Industry. http://reports.weforum.org/digital-transformation/wp-content/blogs.dir/94/mp/files/pages/files/wef-dti-mining-and-metals-white-paper.pdf.

Zimmer, J. (2016). The Third Transportation Revolution Lyft's Vision for the Next Ten Years and Beyond. https://medium.com/@johnzimmer/the-third-transportation-revolution-27860f05fa91 (accessed 21 June 2017).

Zimmer, J., and Green, L. (2017). Lyft Climate Impact Goals. https://blog.lyft.com/posts/2017/6/14/lyft-climate-impact-goals (accessed 21 June 2017).

第 3 章
数字化对油气、煤炭和电力供应的影响

本章要点

- 能源企业多年来一直在使用数字技术,这有助于提高化石资源开采率、改善生产过程、降低运营成本和提高安全性。
- 油气行业使用数字技术的历史相对悠久,特别是在上游阶段,并且仍具有通过深度数字化进一步改善运营效率的巨大潜力。现有数字技术的广泛应用可将生产成本降低 10%~20%。应用已有和新兴的数字技术可将全球油气可采资源量提升约 5%。数字化对致密油和页岩气资源的潜在影响最为深远。
- 在煤炭行业,数字化可以进一步改善地质建模、采矿优化与其他相关过程,以及自动化、预测性维护和工人健康与安全等。但相比于其他行业,数字化对煤炭行业的整体影响可能相对平和。
- 基于现有系统设计,以及加快数字技术在全球所有电厂和电网基础设施上的应用,电力行业数字化每年有潜力节省电力支出约 800 亿美元,占年度发电总成本的 5%。实现上述经济效益的具体方式包括:降低运营和维护成本,提高发电厂和电网效率,减少意外断电和停机次数,以及延长电力资产运营寿命等。

3.1 引　　言

数字化可以增强安全性、提高生产力，以及降低油气、煤炭和电力成本。本章将探讨数字化对各个能源供应领域的影响，以及数字化在各个领域进一步发展所面临的障碍。这些影响程度和发展障碍因应用领域的不同大相径庭（图3.1）。

第4章将讨论数字化带来的广泛系统性影响，包括数字化打破不同供需行业之间藩篱的能力，从而产生更为深远的潜在变革性影响。第6章将讨论数字化带来的网络安全、数据隐私和工作岗位流失等跨行业政策挑战。

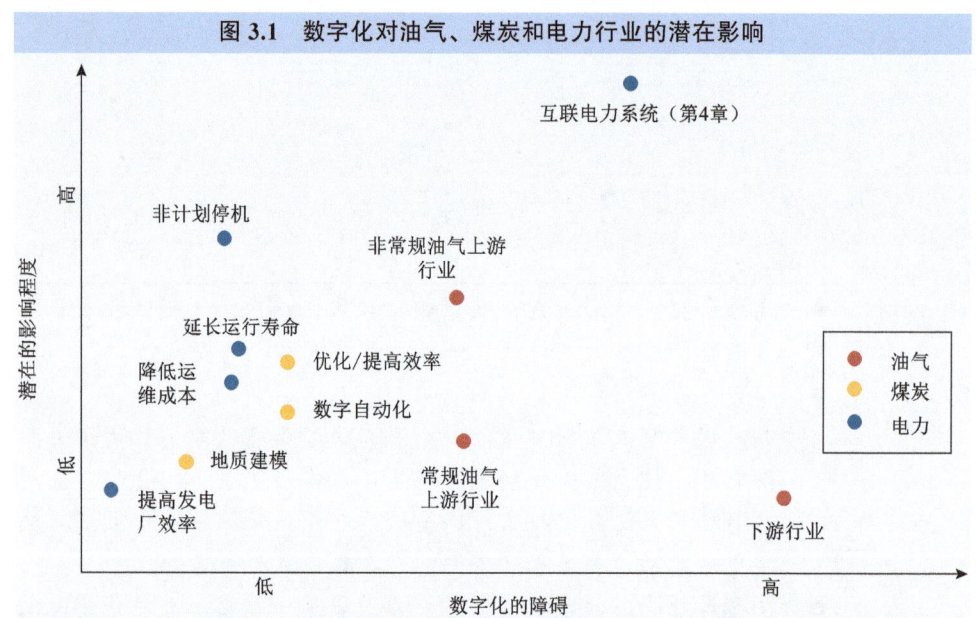

图3.1　数字化对油气、煤炭和电力行业的潜在影响

关键信息：对生产力和效率的影响程度因各能源供应行业的应用而异。
注：图中应用并非详尽无遗；"潜在的影响程度"表明数字化对生产力和效率的整体潜在影响；"数字化的障碍"包括技术障碍、财务障碍、监管障碍和公众认知障碍等；象限仅是说明性的，旨在给出相对大小。

3.2　油 气 行 业

油气行业长期致力于推动技术的发展，特别是在上游领域。大约40年前，墨西哥湾的油气项目已深入到深水区域,将平台搭建在海底约350米深的海床上。如今,浮动式动态定位的海上平台已经可以在深达3000米的水下进行作业,并能钻入海床下数千米深的油藏开采。无论是在深水,还是在条件恶劣的陆上环境,技术进步已经使得在偏远地区开采油气成为可能,而这些地区曾经被认为是技术无法突破的。如果没有先进的数字技术做支撑,将无法取得这些进展。

3.2.1 油气上游领域深度数字化的潜力

传统意义上,勘探和生产是油气行业中利润最丰厚的环节,而这正是数字技术能够产生最大影响的领域。提升油气开采量或提高生产效率的技术研发和示范项目常常是重中之重。例如,为了详细描绘油藏轮廓和结构以优化开采,上游行业已着手处理陆地和海洋地震勘测产生的超大数据集的复杂任务,而处理这些数据需要用到一些世界上最强大的超级计算机。其他的数字应用还包括:远程作业钻头的实时动态转向,或使用高度复杂的传感器优化井眼定位,以最大限度地提高油气采收率。

油气上游行业,未来数字化发展的首要任务是扩大和优化现有的数字技术应用范围。例如,在生产系统中能够利用小型化传感器和光纤传感器增加产量或提高储层油气采收率。这类传感器还可用于量测环境性能,如作业效率或排放强度。其他案例还包括利用自动钻机和机器人检测维修海底设施,并监控输送管道和储罐。无人机也可用于检测(通常分布在较广的)管道和人力难以企及的设备,如放空火炬塔架或偏远无人海域设备等。与所有新技术一样,数字技术的相关成本将随着普及使用而逐渐下降,从而产生雪球效应。这有利于提高安全性、降低劳动力成本、增强设备可靠性(通过频繁的检测和有效的预防性维护)。

从长远来看,数据分析和处理技术有着广阔的发展空间,如研究地震勘探产生的大型非结构化数据集。快速分析数据可以加快决策速度,延长钻井平台和设施的运行时间,从而缩短开展新项目的延迟时间。因此,成本将得以降低,资本可以有效利用。使用更复杂的数据处理算法有助于上游运营商发现新的油气田、制定开发计划并将勘探方案进行优先排序。

使用人工智能(AI)也是一个好的选择,尽管其仍处于起步阶段,但对于上游作业而言极有应用前景。人工智能可用于分析钻井性能,发现性能低下的环节,并提出改进建议,甚至指挥机器人执行任务。它还可以优化油藏建模，从而通过快速检测和纠正生产中的次优行为来辅助作业（图3.2）。

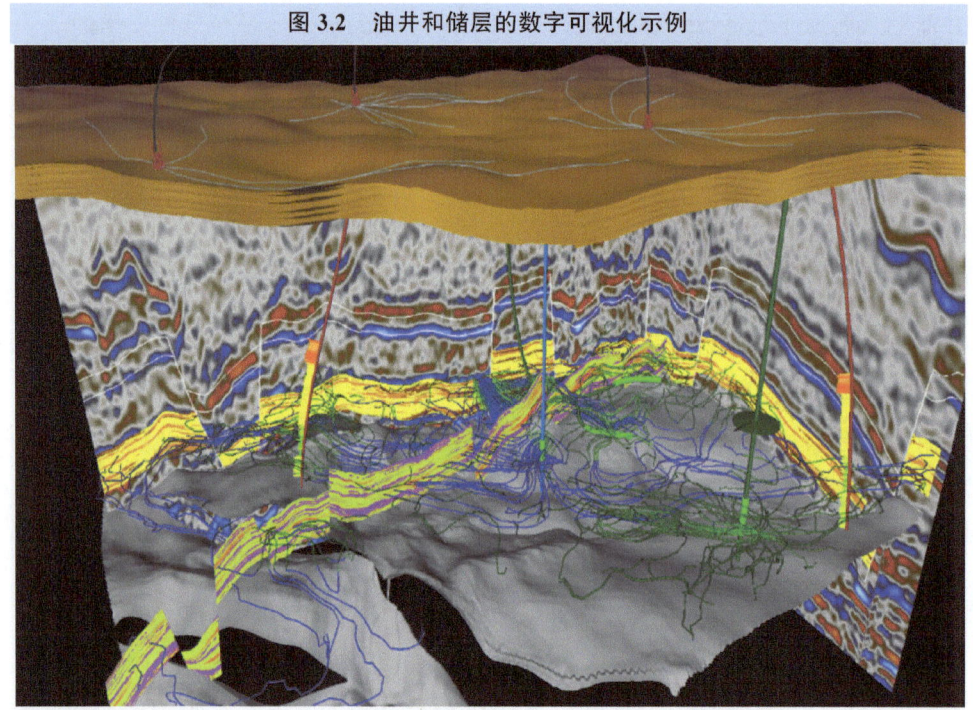

图3.2 油井和储层的数字可视化示例

关键信息：通过使用数字技术精细描绘油藏、内部地质特征、流体分布和流场加强地下建模，有助于优化油气生产。
资料来源：© Schlumberger，2017

数字化在致密油和页岩气生产中的应用尤为重要。将人工智能与传感器和复杂数据管理工具相结合，可使企业仅需少量的工程师和技术人员即可在数千个非常规致密油核页岩气井中开展作业，并最大限度地提高产量。考虑到（与传统油气领域相比）较短的投资周期更有利于新技术的导入和实施，致密油和页岩气的生产特别适合应用新的数字技术。设备供应商广泛共享的库存还可以缩短采购时间并降低成本，为非常规油气行业创造更高效的"即时"供应链。

1. 加强油气资源开采

可开采的油气资源量是影响未来油气价格变化的关键因素。目前，全球剩余的技术可采油气资源量预计约为1.4万亿吨油当量（toe）（IEA，2016）。国际能源署中心情景预计，通过全球范围内广泛使用现有和新兴的数字技术，可将全球技术可采油气资源量提高约5%（750亿吨油当量），以当前世界油气消

第3章 数字化对油气、煤炭和电力供应的影响　45

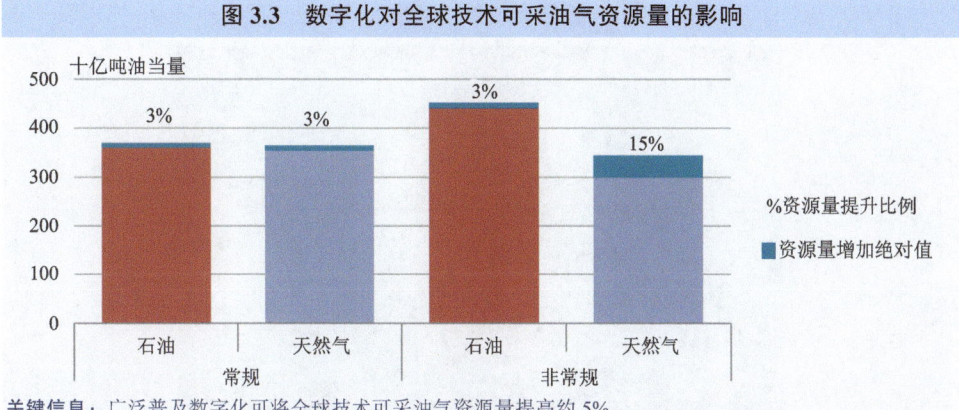

图3.3 数字化对全球技术可采油气资源量的影响

关键信息：广泛普及数字化可将全球技术可采油气资源量提高约5%。
注：这里假定全球所有油气资源盆地广泛使用现有和新兴的数字技术。

耗量计算能够满足10年之需（图3.3）。

数字化对油气开采量的影响因资源类型而异。其中，数字化对致密油和页岩气资源增产的影响最大，广泛应用数字技术可将其开采量提高约15%[①]。当前非常规油藏的采收率远低于常规油藏。利用现有技术，常规气藏的采收率可高达90%，但非常规页岩气的采收率通常仅为15%～35%。

数字技术在提高采收率方面的应用范围十分广泛，包括：地震数据的先进处理生成高可靠、高分辨率储层数字图像，储层内流体的增强型建模和跟踪，以及生产井的自动化控制。通过改进储层模拟，数字技术可帮助运营商优化井间距、水平井的横向长度，以及水力压裂过程中使用的支撑剂数量等。所有这些工作旨在保证最大产量的同时，最大限度地减少井和设施所需的资本投资。

2. 优化生产流程

除了增加可开采油气资源量外，还可以通过增强互联和监控来优化生产流程，以降低投资和运营成本（图3.4）。然而，部分先进的数字技术是针对特定领域量身定制的，且仍处于发展早期阶段，因此很少有针对成本削减潜力的详细评估。根据运营商和服务供应商的数据，国际能源署中心情景预计现有数字技术的广泛应用有助于降低 10%～20%的成本。如果更先进的技术得以成功验证并被广泛采用，则可以更大幅度地降低成本。

---

① 如图 3.3 所示，非常规石油资源量仅增加了 3%，这是因为致密油占非常规石油资源的份额最小，而占较大份额的超重油、沥青和干酪根并未从数字化中获益。相反，页岩气在非常规天然气资源中占有最大份额，其采收率增加 15%决定了非常规天然气资源量会相应增长。

图 3.4　油气田的数字互联远程作业

关键信息：许多油气作业都已实现数字互联，可以通过远程监控和操作来优化生产。
资料来源：Courtesy of Shell Global Solutions International B.V.

3.2.2　监测甲烷排放量

数字化改善油气运营的另一个重要应用领域是监测、测量和避免甲烷排放。油气行业是人为甲烷排放的主要来源，在油气生产、加工和运输过程的任何阶段都可能发生连续或零星的甲烷排放[①]。

目前迫切的需求是开发经济高效的监测和量化排放水平的系统。数字技术在降低监测的直接成本（如在当地设施中使用无人机），或更好地收集数据以开发预测性监测系统方面能够发挥有益作用。一旦确定了排放源，减少或停止排放就变得相对简单。

3.2.3　改善下游运营

下游的油气业务也能受益于数字技术的广泛应用。该领域的利润率通常较低，因此任何小的改进都将对运营商大有裨益。

举一个数字化改进下游业务的例子：企业正在探索定制化零售服务的新模

---

① 有关石油和天然气甲烷排放的详细内容请参阅国际能源署出版的《世界能源展望 2017》（World Engery Outlook 2017）。

式,向客户直接提供燃料使其在家中或工作地点为车辆加油,而不需要客户去加油站。通过将车辆油箱中剩余油量的数据自动传送到当地加油站即可实现这一服务。另一个例子是使用智能燃气表(类似于智能电表),可有助于实现匹配天然气的需求和供应。

3.2.4 数字化面临的障碍

迄今,数字技术在油气领域的应用并不均衡。总体而言,在应用数字技术方面,油气行业落后于其他行业,如金融、零售、医药和汽车等行业。发展滞后的主要因素包括:

1)时机。油气行业是资本密集型行业,大型项目的开发通常需要很多年。相比之下,数字技术发展较为迅速。一旦一个价值数十亿美元的大型项目完成设计并获得批准,企业的重点通常是有效实施该项目,尽量不发生设计上的变更,因此这也阻碍了创新的融入。

2)基础设施年限。世界各地有许多油气设施存在已久,不一定有合适的容纳数字新技术应用的基础条件。改造这些设施将带来额外成本,从而使得数字技术应用的吸引力不足。

3)内部关注。由于石油和天然气是日用商品,企业很难向消费者区分产品和服务。因此,数字技术更倾向用于增强安全性、提升作业可靠性和降低成本。

4)小错误会带来严重后果。油气行业已经形成了规避风险的管理方式,这会减缓新技术的采用速度,无论这些技术的潜力如何。新设备的部署和新数字技术的采纳往往需要高级管理层的批准,这可能延误时间并增加成本。

5)分散化。油气行业在供应链中高度分散。除了少数跨国石油公司之外,很少有企业能够纵向整合上游、炼油、运输和零售业。数字化仍然主要针对单个行业的需求量身定制,因此企业可能无法充分利用数字化潜在的跨领域优势(参见第4章)。尽管如此,作为行业技术创新的主要来源,大型油田服务供应商无疑将继续扩大其数字服务范围。

6)长期需求趋势。鉴于目前低碳技术和能源效率的发展趋势,油气资源量可能会超过其消耗量。虽然复杂的数字技术从技术角度有益于储层开采,但从经济角度而言并不总是有效益的。

7)信息基础设施。虽然目前已有许多可用的数字技术,但许多运营商并没有很好地利用这些技术，因为使用数字技术需要完善的信息基础设施和训练有素的劳动力队伍。

8）保守的管理文化。油气行业因其资本密集和高危作业的特性，历来形成了相对保守的管理文化。油气公司可能会寻求第三方服务供应商开发数字技术，而不愿承担自身开展大规模研发项目的风险和成本。

3.3 煤炭行业

在过去，地下采煤技术的进步主要体现在机械化方面。技术进步大大减少了煤矿工人的数量，同时提高了生产力。而在露天采矿中，最重大的进展是大型设备的使用，可更快速而有效地运送大量煤炭和覆盖土层[①]，同时可减少矿工的数量。数据传感器和先进计算机等数字技术的应用已在煤炭领域崭露头角，并且将持续发展，这将对煤炭行业的部分业务产生重大影响。

3.3.1 数字技术的部署

煤炭供应链正在应用数字技术来削减生产和维护成本，并提高工人安全性。案例包括半自动化或全自动化系统、机器人采矿、远程采矿、运营自动化、煤矿仿真模拟，以及使用全球定位系统（GPS）和地理信息系统（GIS）。

低成本传感器和计算机辅助模拟的日益普及将为煤炭运营带来新的机遇。例如，传感器可以实时提供关键设备各种部件的准确状态，而数据分析可以将实际配置与最优设计工况进行比较，以便实现过程优化。同时，还可有助于改善限制因素，如水资源可用性的管理，并最大限度地减少采矿对地表土地的影响。广泛采用数字技术、数据分析和自动化技术可以提高生产力，并通过多种应用改善安全性和环境效益。

具体的应用包括：

1）地质建模。现代数据管理技术和可视化模拟描绘煤炭储层的新工具，有助于更好地评估煤炭储量及其品质，并增强对地质条件的认知。无人机已被用于地面剖面描绘和调查测量。对不断增长的数据的获取和处理能力意味着可

---

① 覆盖土层位于煤层上方，需要将其移除才能开采煤层。

以持续升级地质模型。

2）过程优化。低成本传感器和计算机辅助模拟的结合可有助于优化煤炭供应链的流程。例如，传感器可以检测实际运行与最佳工况之间的偏差，并对其进行评估和纠正。在去除、运输和处置露天矿的覆盖土层工作中，利用数字优化能够减少原材料用量（如炸药），从而显著降低运营成本。原材料目前是露天采矿运营成本中的最大组成部分。

3）流程自动化。在煤炭供应链的部分环节上自动化已经非常普遍，特别是在煤炭运输和洗煤环节，但仍然还有进一步发展的空间。远程遥控设备以及无人驾驶卡车和铲车是两类发展趋势。在模拟地质和环境条件的计算工具帮助下，远程遥控设备可在控制室操作采矿设备。工人不用再进入危险或有害的工作环境，因此可以提高生产力和改善安全性。虽然近年来煤炭事故的死亡人数急剧减少，但仍高于其他行业。中国计划到 2030 年实现所有主要矿区地下无人开采（NDRC/NEA，2016）。在露天采矿中，已经有无人驾驶卡车和铲车正在运营，预计在中期实现整条供应链的全自动化（钻孔、爆破、铲运、倾倒、清洗和运输）。

4）预测性维护。尽管采矿设备在充满挑战的环境中运行，但煤炭行业的数字化预测维护[①]与其他行业并没有显著差异。利用大量低成本传感器和数据分析，并基于部件的实际状态来开展设备维护工作，可以提高设备的可用性、运行性能并降低成本。

3.3.2 数字化的潜在影响

数字化将持续提高生产力和安全性，并减少煤炭开采对环境的影响。根据国际能源署向该领域专家咨询的结果，在某些案例中应用数据分析与监测来最小化等待时间并进行卡车队列安排，在不增加成本的情况下，能够将电动铲车的性能提高 10%以上。此外，提高填充因子并因此减少循环时间可将铲车生产力（即铲车每天的装载量）提高 10%以上。在某些煤矿，应用数据分析、监测和计算机辅助建模可使连续采矿机生产力提高 20%以上[②]，而数据分析和建模可使某些地下作业的离线维护时间缩短 35%以上。

[①] 有针对性的维护可以在状况恶化之前解决潜在的问题，避免附加损害甚至停机。预测性维护根据设备的实际状况进行，而不是基于工作时间、失效时间等。

[②] 连续采矿机是地下采矿中常用的设备。

先进的监控和数据处理带来的效益之一是创造更好的工作环境。例如，可以实时监控噪声和灰尘，计算机还有助于探索过量排放发生的位置和原因，并且及时实施预防和减缓措施。

3.3.3 数字化面临的障碍

未来数年煤炭行业的数字化进程不可阻挡，但很难变革整个行业的运行方式。部分原因是在没有部署碳捕集与封存（CCS，参见专栏7.1）的情况下，考虑到空气质量与气候变化的影响，长期来看煤炭需求可能会持续下降。目前，在一些特定区域针对煤炭的争论更多的是关于搁浅资产和有风险的资产，而不是增加可采资源量。如果没有碳捕集与封存，现有的煤炭可采资源量将远高于与《巴黎气候协定》（*Paris Agreement*）气候目标相应的"碳预算"。

煤炭行业数字化的其他障碍与财政资源和公众舆论有关。将煤炭当作一种风险资产使得其在某些地区很难获得资金支持，从而妨碍了该行业大规模部署包括数字化在内的各项新技术。此外，在许多国家，公众对煤炭行业就业的危险性高度敏感。而且，地下煤炭开采是一项劳动密集型业务，因此数字技术会威胁到就业率。

尽管如此，仍存在诸多克服上述障碍的方法。成本的上升、地质条件的恶化，以及其他能源的激烈竞争将促使煤炭生产商寻求降低成本的途径，包括通过应用数字技术。无论如何，随着数字技术在整个经济体的广泛普及，煤炭行业预期至少将间接应用数字技术。在一些国家，如中国和印度，煤炭仍然是一种重要的资源，将引领该行业最先进数字技术的广泛应用。此外，在可预见的未来，人们还需要开采除煤炭以外的其他资源，因此采矿业取得的任何通用技术进展也同样适用于煤炭。

3.4 电力行业

从早期交流电和直流电之争开始，技术创新始终处于电力行业发展的核心地位。时光流转，发电技术已经从最初的化石燃料扩展到核能、水力发电、生物能源、太阳能、风能和地热能等。

电力行业资产数字化是技术创新过程的更进一步。近年来，随着数字技术的广泛使用,其成本急剧下降,特别是传感器和相关支持软件。根据当前电力系统的结构和运行方式,应用数字数据和分析可以带来一系列改进,有助于降低各种发电技术现有和新项目的成本,提高其技术性能和竞争力。

可再生能源正在全球电力系统中发挥越来越重要的作用。部署数字技术的一个关键机遇是加强电力系统集成高比例波动性可再生能源的能力(参见第4章)。

数字技术提供了一系列机遇来改进所有类型的发电厂和输配电网络的性能,有益于该行业的单个企业、全系统、能源消费者和环境等(图3.5)。数字化的互联应用将电力供应与交通运输、建筑和工业等关键需求行业连接起来,有潜力重塑电力行业(参见第4章)。

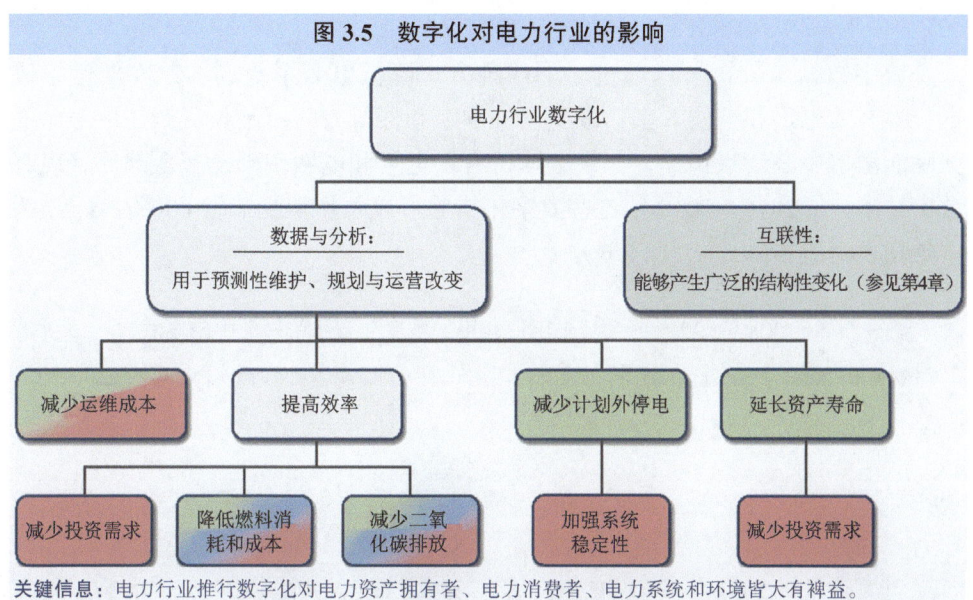

图 3.5 数字化对电力行业的影响

关键信息:电力行业推行数字化对电力资产拥有者、电力消费者、电力系统和环境皆大有裨益。
注:图中文本框绿色代表资产拥有者的财务效益,红色代表系统效益和消费者效益,蓝色代表全球环境效益。

3.4.1 发电厂和电网中的数据与分析

数字化在电力系统中的应用范围较广,包括:收集电力资产状态和性能数据、通过软件平台处理信息、最终改变电力决策行为。数字技术能够提供数据与分析,从而影响业主和运营商的实时决策,包括轻微的运行变化等,以避免电力资产遭受过大压力。这反过来也提高了系统效率并降低了成本。

在发电行业,成千上万个数字传感器可安装到现有发电厂或纳入新发电厂的设计中。传感器能够提供发电厂各部件的实时状态信息（如温度），以及输入流（如燃料、进气或冷却水）和电力、排放量等输出流信息。

在电网行业，传感器可提供各个位点的输电和配电状态（如温度、电压或电流等）。这些信息可以存储或传送到相关部门用来管理电网和运行发电厂。虽然收集电力系统状态信息并不是新鲜事物，但数字传感器可以连续和实时提供更多信息，而在以前这些信息的收集可能成本高昂且具有较大难度。

传感器还可以收集如环境温度等辅助信息，结合电力状态信息能够更好地管理电力系统。例如，环境温度过高可能会增加发电厂的物理负荷，而在进行发电厂输出功率爬坡或退坡的运营决策时需要考虑这一因素。

3.4.2 数字数据与分析的潜在效益

数字数据与分析可以通过以下四种方式降低电力系统成本：降低运维成本；提高发电厂和电网效率；减少意外中断和停机时间；延长资产使用寿命。国际能源署中心情景预计，如果全球所有发电厂和电网基础设施全部部署现有数字技术，在2016~2040年这些数字化措施可以每年至少节省800亿美元，约占年均发电成本的5%（图3.6）。

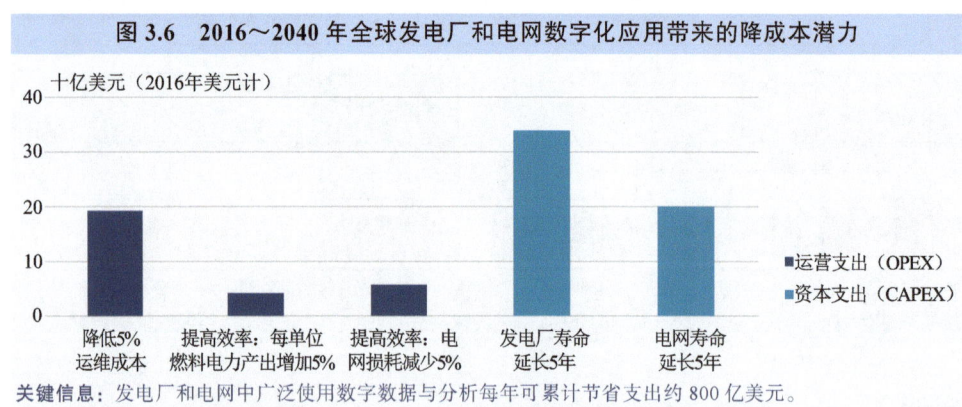

图3.6 2016~2040年全球发电厂和电网数字化应用带来的降成本潜力

关键信息：发电厂和电网中广泛使用数字数据与分析每年可累计节省支出约800亿美元。
注：假定全球所有发电厂和电网基础设施中全部部署现有数字技术。

1. 减少运维成本

数字数据与分析可以降低运维成本，实现预测性维护①，从而降低发电厂

---

① 电力行业预测性维护是指能够对发电厂和电网进行针对性的维护，以便在潜在问题恶化之前得以解决，不造成附加损失或停工。

和电网业主的支出，最终降低终端用户的电力费用。只有实时传输详细的部件级信息才能实现这种维护，若无数字传感器则无法实现。

国际能源署中心情景预计，2016年全球范围内发电厂和电网的运维成本超过3000亿美元。到2040年前，通过数字化可将上述运维成本降低5%（年均节省近200亿美元），进而惠及最终消费者。对于可再生能源技术，优化系统维护也可使项目在生命周期内具有更高的性能。

2. 提高效率

通过改进规划、提高发电设备燃烧效率和降低电网损耗率，数字数据与分析可有助于整个电力系统实现更高的运行效率和更佳的项目设计。在传统发电厂中，提升效率可以减少每单位电力输出的燃料消耗和二氧化碳排放。通过良好的维护和其他改进措施可以实现这一点，如优化燃烧过程中燃料和空气的混合比例等。设想如果过去20年建设的所有亚临界和超临界燃煤发电厂（全球装机超过900吉瓦）每单位燃料的电力输出增加5%（相当于发电厂效率提高2个百分点），以2015年发电4500太瓦时为基准计算，这些发电厂将减少7000万吨煤耗和2亿吨二氧化碳排放（占全球能源相关二氧化碳排放量的0.6%），并节省超过40亿美元的燃料成本。行业预测研究表明，单个发电厂使用数字技术能够实现更高的效率（Annunziata et al., 2016）。

在电网行业，降低电力传输损失率可以提升效率，如通过远程操作使设备更有效运行并接近最佳工况，可使电网运营商优化管理电力流和存在的瓶颈。同时，还可以通过加强互联性获得更高的效益（参见第4章）。此外，通过智能计量的监控也可以更准确地识别盗电造成的损失。减少损失意味着可以用更少的发电量满足需求。因此，燃料消耗及成本、二氧化碳排放、终端用户电价也可得到降低。在全球范围内，输配电的损失占总发电量的8%，相当于全球钢铁生产、照明和烹饪消耗的电量之和。许多发展中国家的输配电损失非常大，在非洲、拉丁美洲和印度超过其总发电量的15%。

数据与分析可以改善整体电力系统的规划和项目设计，从而提高效率和降低成本。其可更好地协调新发电厂和电网的投资，以实现战略性选址与现有基础设施形成互补，并以最低成本满足消费者的动态需求。此外，数据与分析还可以应用于单个项目的设计，以最大化实现项目的价值。例如，基于数字数据可精巧设计新的风力发电项目，实现风机技术的最佳选择和风机的优化部署，从而最大限度地发挥风力资源潜力，同时解决并网问题。

3. 降低意外停机的频率

数字数据与分析可以通过监控和预测性维护来减少意外停机的频率,并通过快速识别故障点来缩短断电时间,从而降低成本并提高电力供应的灵活性和可靠性。对于公用事业和经济发展来说,电网故障造成的损失极大。例如,美国每年电力供应中断估计造成损失约 1000 亿美元(LaCommare and Eto,2006)。新兴经济体普遍遭受频繁停电的影响。

4. 延长运行寿命

从长远来看,电力行业数字化最大的潜在效益之一是通过优化维护和减少设备压力来延长发电设备和电网部件的使用寿命。使用寿命延长将提高电力资产业主的营业收入,同时降低整个电力系统的投资需求,最终也会降低终端用户的电价。但延长化石燃料发电厂寿命的一个潜在缺点是会延缓发电方式向清洁电力的转型,从而为二氧化碳和区域污染物减排带来额外挑战。

虽然通过数字化可在多大程度上延长电力资产的运行寿命尚不明朗,特别是许多新技术刚刚浮现,但节约成本的潜力巨大。电力供应基础设施通常寿命较长,风力涡轮机和太阳能光伏发电设备的预期寿命为 20 年或 25 年,化石燃料发电厂和电网基础设施的寿命为 40~50 年,水电设备的寿命长达 70 年。国际能源署中心情景预计,如果将全球所有电力设备的寿命延长 5 年[①],2016~2040 年可累计延缓投资近 1.3 万亿美元,约占电力行业总投资的 7%[②]。平均来看,发电厂投资每年将削减 340 亿美元,而电网投资每年将削减 200 亿美元。

3.4.3 数字化面临的障碍

与大部分其他能源领域相比,电力行业数字化进程面临的障碍很少。拥有和运营发电厂的电力企业有直接的财政投入激励措施,因为它们直接受益于燃料成本的节约、运营和维护支出的减少,以及在批发市场中整体运营成本较低的竞争优势。

---

① 在这一预测中,电力资产至少运行 25 年以保证获得数字化带来的全部效益。对于那些剩余运营寿命不足 25 年的电力资产,其运营寿命按比例延长,如某个发电厂只剩 10 年的运营寿命,则运营相应延长 2 年。

② 正如在第 1 章中所定义的,国际能源署中心情景用于描述在现有能源与气候政策以及部分承诺和计划框架下,能源市场和技术进步的发展路径。这一情景基本上与《世界能源展望》新政策情景和《能源技术展望 2017》参考技术情景相一致。该中心情景并不作为一种预测。

尽管如此,错位的财政激励措施可能成为电网部门充分发挥数据与分析潜力的重大障碍。在受监管的市场尤其如此,物理资产的投资是营业收入的基础,而数字技术的投资没有受到激励。

难以获取数据也可能成为应用数字技术改进电力系统规划的重大障碍。单一发电厂和电网基础设施的信息数据至关重要,但出于商业机密的原因,电力资产业主和运营商可能不愿意共享数据。解决方法之一可能是监管机构需要制定保护商业机密的信息披露要求。

参 考 文 献

Annunziata, M. et al. (2016). Powering the Future: Leading the Digital Transformation of the Power Industry. GE.

IEA (International Energy Agency) (2016). World Energy Outlook. OECD/IEA, Paris 2016.

LaCommare, K. H., & Eto, J. H. (2006). Cost of power interruptions to electricity consumers in the United States (US). Energy, 31(12), 1845-1855.

NDRC/NEA (2016). Energy Technology Innovation Action Plan 2016-2030 of China.

第 4 章

全系统影响：从能源孤岛到数字互联系统

本章要点

- 能源数字化转型的最大潜力是其能够破除能源各行业之间的壁垒，提高能源系统的灵活性并实现整个系统的整合。
- 电力行业是能源数字化转型的核心。随着能源系统的逐步电气化和分布式发电的增长，数字化正在模糊能源供应和消耗之间的区别，并使消费者直接影响实时供需平衡。在这一过程中，集中式输电网络仍将继续作为传输主干支撑转型，平衡整个系统。
- 数字化可使所有用能行业的消费者积极参与能源系统的运行。到 2040 年，预计将有 10 亿户家庭和 110 亿台智能家电积极参与电力系统的互联，这些家庭和设备在从电网获取电力时能够进行灵活调节。这种智能需求响应能够为电力系统提供 185 吉瓦的灵活性，相当于意大利和澳大利亚目前的电力装机容量之和，可以节省原本为确保供应安全所需要的 2700 亿美元新建电力基础设施投资。
- 数字化通过更好地匹配用能和光照、风力时段，有助于电网消纳波动性可再生能源。仅在欧盟，到 2040 年新增的储能和数字化需求响应能力可将弃光弃风率从 7% 降低至 1.6%，从而减少约 3000 万吨二氧化碳排放。
- 电动汽车智能充电技术可以将需求转移到非高峰时段，在 2016~2040 年可节省 1000 亿~2800 亿美元的新增电力基础设施投资（取决于电动汽车部署数量）。
- 数字化可以推动高占比的分布式能源发展，使消费者成为"产消合一者"，区块链等新型工具可以促进本地能源交易系统的发展。
- 需要对政策和监管进行根本性转变，以充分利用电力数字化转型的优点，并将风险降至最低。

4.1 数字化正在变革电力系统的运行模式

除了第 2 章和第 3 章中描述的直接提高效率和节约成本等效益外,数字化还有潜力推动更多根本性、全系统的变革。电力行业可能是第一个受到这种深层次转型影响的能源行业,也是受影响最大的行业。传统上,电力由大型发电厂生产,通过输配电网络传输,并最终提供给家庭、商业、工业和交通运输业的终端用户(图 4.1)。这一模式将发生巨大变化。

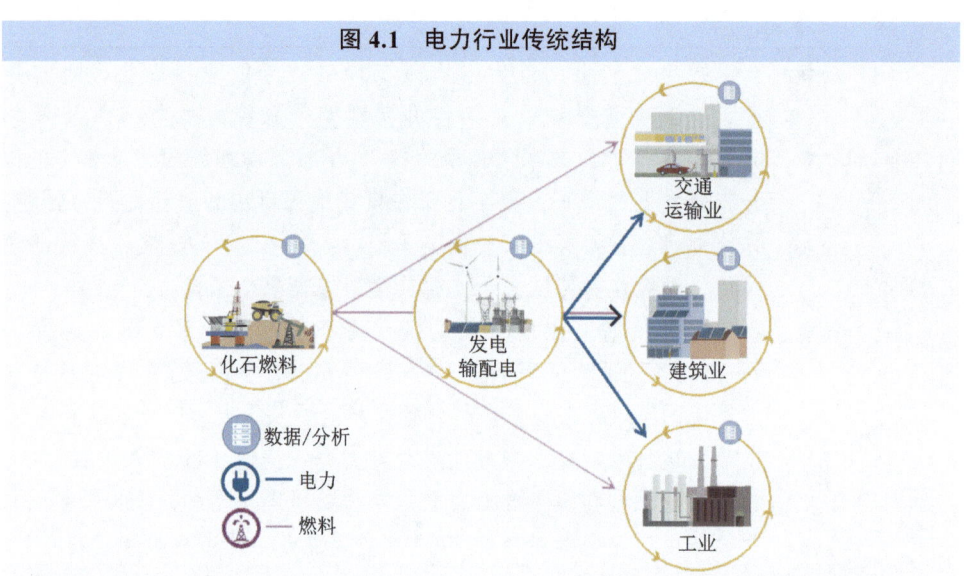

图 4.1　电力行业传统结构

关键信息:数据与分析可以提高系统性能并节约成本,但如果没有互联,则不会从根本上改变电力行业的运行模式。

通过实时匹配用户需求与整个系统的运行,数字化为数百万消费者和生产者提供了向电网销售电力或提供有价值服务的新机遇。互联性是关键使能因素,使连接、监控、聚合、控制大量单个供能设施和耗能设备成为可能。这些设施可大可小,如家庭屋顶式太阳能光伏系统、工业锅炉或电动汽车等。

随着数字化的发展,将出现一个高度互联的能源系统,模糊了传统发电行业和消费者之间的区别,增加更多本地能源及电网服务的交易机会(图 4.2)。随着物理基础设施的发展和利益相关方角色的转变,集中式电网、传输网络的业主和运营商仍将继续作为平衡整个电力系统的骨干。

图 4.2 数字化在重塑电力行业中发挥的作用

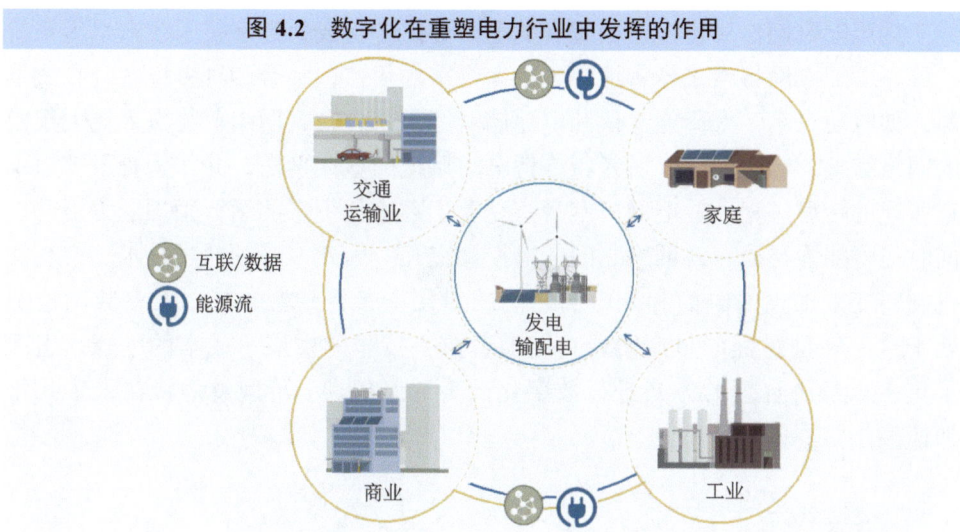

关键信息：将互联性与电气化和分布式相结合，有潜力创建一个高度互联的系统，变革电力供应和消耗模式。

数字化是推动电力行业转型的一大要素，此外还有其他一些驱动因素，如所有终端行业（尤其是交通运输行业）能源服务的持续电气化，以及分布式发电的增长等。但数字化，尤其是发电商、电网运营商和终端用户之间互联性的增强，能够支撑上述趋势发展，有助于加快电力系统转型，从而建立新的商业模式。在能源系统中的任意设备之间实时交换运行信息，可使消费者和电力生产者立即响应不断变化的市场情况，从而消除各行业内部的低效环节，最终提高运行可靠性并降低成本（图 4.3）。

图 4.3 电力系统数字化转型的可能步骤

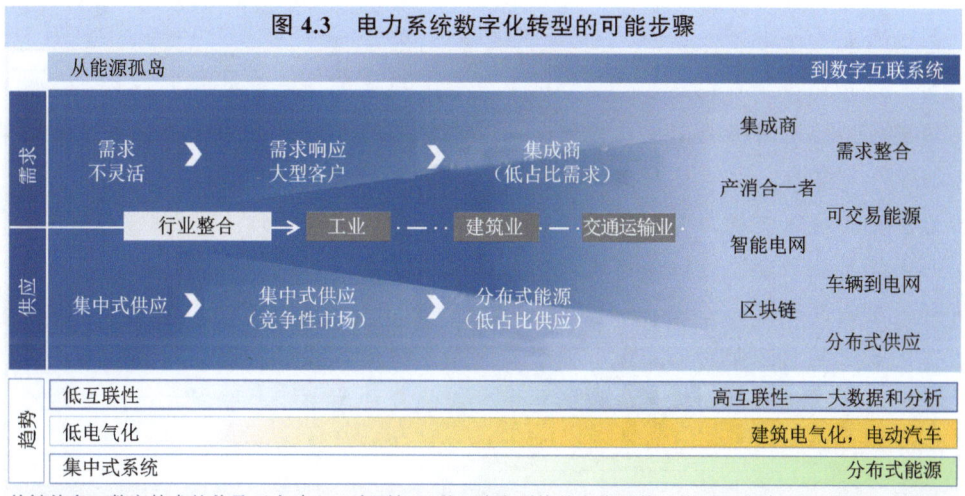

关键信息：数字技术的普及正在建立一个更加互联、响应更快的电力系统，有助于提高电力系统的灵活性、效率和可靠性。

低压配电网作为最接近消费者的电网部门,将成为数字技术改造电力系统的核心。配电网将越来越多地充当平衡供需的角色,整合多种多样的分布式能源,如电动汽车、太阳能光伏和电池储能等。但分布式网络仍将嵌入更大规模的网络和整个输电网中,后者将维持电力系统的整体平衡,并作为骨干支撑本章所述的转型过程。输电网络本身将受益于数字化带来的运行管理能力提升,同时还将加强与分布式网络之间的监控和交互。因此,必须通过技术、市场和机制转变来加强输电商和配电商之间的对接(参见专栏4.1)。大多数国家都处于这一转型过程的早期阶段,但随着数字技术的发展、成本的下降,出现了更多以经济合理的方式进行数字化部署的新机遇,转型过程将在未来几年加速发展。

专栏 4.1

从单向电网到智慧能源系统

当今世界各地的监管、财政和体制结构允许电网业主和运营商进行投资规划,并以满足电力需求和服务质量的方式进行运营,同时收回成本。传统电网基于一种中低压设备(配电网)单向将电力传输给消费者的技术范式,因此消费者只是被动接收者。

电力系统运行模式迫在眉睫的转型要求在技术、经济和机制层面进行根本性的变革。由数字化促成的所有深层次的跨行业转变都将依托于物理网络。在需求侧,数字化使消费者能够通过需求响应成为能源市场的直接参与者,从而有助于当地的供需平衡;在供应侧,消费者可以成为本地的电力生产者,定期向电网输出能源。

随着更多分布式发电(小型电厂发电并传输给当地配电网)和本地交易的发展,配电网络将需要承担起平衡本地供需的责任,并确保整个系统的安全性和可靠性,该角色目前由大型输电网运营商承担。其将继续充当整个电力系统的物理支柱,并积极参与数据高效交换和市场设计。例如,有必要建立数据交换平台,可以向感兴趣的各方提供信息,实现分布式或集中式能源利用率的最大化,并设计新的商业模式。

输配电网运营商必须加强合作和信息交流,最终,配电网络尤其是当地配电网,将从单向提供能源的传统方式演变为集中式与分布式电力交易的地方和区域枢纽,以及可靠性、安全性和灵活性等服务的提供方。

全球经济的持续电气化使电力系统转型变得更加重要,并为开发新的数字技术提供了更多机遇。随着经济体逐渐发达,电力占整个能源结构的份额通常会在所有终端行业增加。终端用能电气化,如电动汽车、热泵和金属冶炼电气化,也可以成为脱碳的途径之一(如用清洁能源发电),并降低局部的空气污染。事实上,国际能源署中心情景预计,到 2040 年低碳技术将占发达经济体发电量的近 2/3(IEA,2016)[①]。

电力数字化是更广泛技术变革的组成部分,随着电力市场监管和设计的变化,这一过程正在推动与响应电力需求和供应的潜在变化趋势。过去十年,这一趋势主要体现在一系列电力相关技术的成本降低上。例如,2008 年以来,小型光伏发电的单位成本降低 80%,传感器成本下降 95% 以上,得益于电动汽车的部署,储能电池成本下降 2/3 以上(图 4.4)。此外,智能电表的平均成本下降约 1/4,全球已经部署近 6 亿台智能电表。

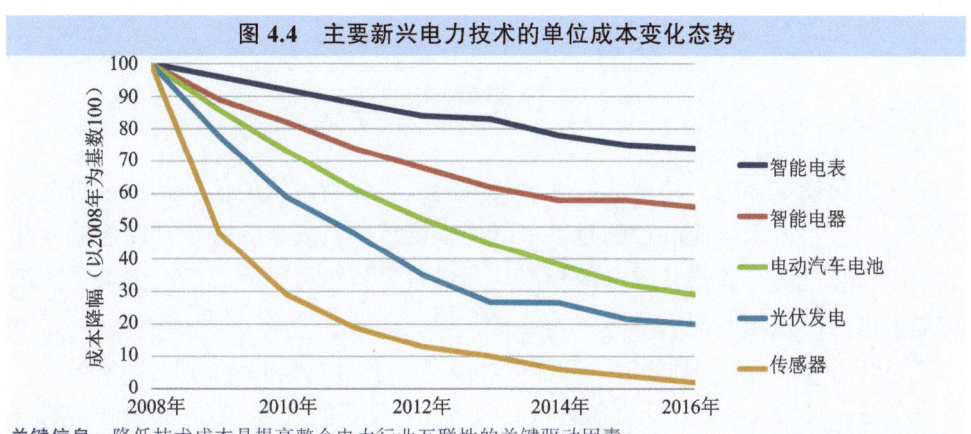

图 4.4　主要新兴电力技术的单位成本变化态势

关键信息:降低技术成本是提高整个电力行业互联性的关键驱动因素。
资料来源:国际能源署基于 Bloomberg New Energy Finance(2017);Holdowsky 等(2015);IEA(2017a,2017b,2017c);Navigant Research(2017)等参考文献研究结果的分析

数字技术实现电力系统转型主要有以下四个关键使能要素(图 4.5):①智能需求响应;②波动性可再生能源并网;③推动电动汽车智能充电;④家用太阳能光伏等小型分布式发电的出现。这四个关键使能要素相互关联,如需求响应对于提高电力系统灵活性,以整合更高比例的波动性可再生能源电力至关重要。它们有望为打造数字互联电力系统做出巨大贡献。

---

① 正如在第 1 章中所定义的,国际能源署中心情景用于描述在现有能源与气候政策以及部分承诺和计划框架下,能源市场和技术进步的发展路径。这一情景基本上与《世界能源展望》新政策情景和《能源技术展望 2017》参考技术情景相一致。该中心情景并不作为一种预测。

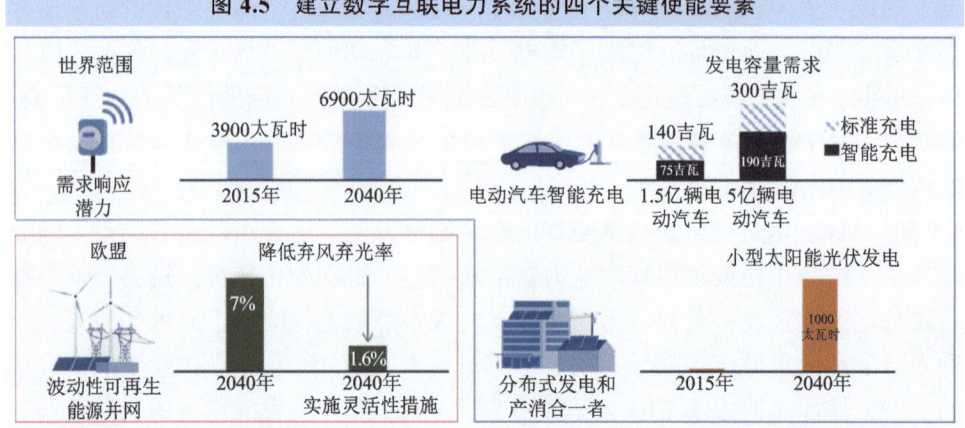

图 4.5 建立数字互联电力系统的四个关键使能要素

关键信息：数字化将大大推动需求灵活性、波动性可再生能源并网、电动汽车智能充电和分布式发电的发展。
资料来源：基于 IEA（2016，2017d）的分析

4.2 智能需求响应

数字化使更多电力消费者能够灵活响应来自电力系统的信号，这一机制称为需求响应。需求响应的目的是以最低成本维持供应安全。数字互联能够持续监控电器和设备，并将其与电网相连。通过收集信息可以调节供电需求，实现与电力供应的优化匹配。

当电力短缺或电网拥堵时，智能电加热器、空调、工业锅炉和智能家电等互联设备可以自动关闭或以低负荷运行。这些互联设备的电力消耗可以降低或转移到其他供应过剩的时段，如太阳能或风能较充足或电网没有技术问题时（图 4.6）。

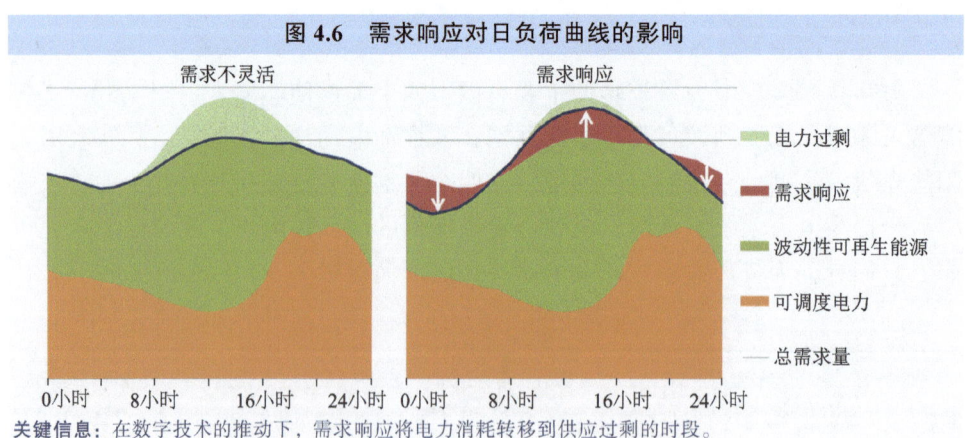

图 4.6 需求响应对日负荷曲线的影响

关键信息：在数字技术的推动下，需求响应将电力消耗转移到供应过剩的时段。

先进的数字技术能够实现上述功能并且不会影响消费者的舒适度,对终端用户通常利用价格激励来补偿中断的服务。

一些地区多年来都在实施需求响应,但规模非常有限,而且仅限于大型工业用户。如今,全球仅有1%的需求或约40吉瓦的装机能够直接响应电力供应的短缺或过剩(Navigant Research,2017)。通常而言,当电网运营商认为有必要确保电力系统的安全时,会向一小部分大型用户(一般是能源密集型行业)提供财政激励措施,以换取他们接受短时间内电力供应中断的可能(参见专栏4.2)。

 专栏4.2

> **中断大型用户电力供应是需求响应的首个模式**
>
> 最基本的需求响应形式是中断大型电力消费者的供电,主要是针对大型行业。这种需求响应也被称为可中断服务,是一种需求侧管理工具,旨在当电力供需不平衡时保证电网运营商能够灵活、快速地响应。例如,极端天气条件导致的异常用电高峰、计划外停电,或两者兼有的情况,可能危及电网的安全性和正常运行,甚至可能导致电力供应中断。
>
> 作为一种预防措施,大型电力消费者,如能源密集型行业,响应电网运营商发出的指令,减少其电力消耗以便维持供需平衡,使其他消费者不受影响,而他们则可获得一定的经济回报。在大多数成熟的电力市场中,电网运营商通过竞争性拍卖机制分配可中断服务。

数字化与能源技术交叉可以使需求响应渗透到更大范围。更高程度的自动化、物联网设备在住宅和商业的普及(如直接与电力市场和天气预报供应方连接的智能温控器),以及电动汽车和智能充电系统的部署扩大,都将促进需求和供应的整合,并为个人消费者和整体系统节省更多成本(Gils,2014;O'Connell et al.,2015)。在更远的将来,应用人工智能将有潜力显著提高需求响应的效率和有效性。

在全球范围内,国际能源署预计目前约有3900太瓦时技术潜力可用于需求响应,预计到2040年将增加近一倍,达到约6900太瓦时,接近全球电力消耗的20%。需求响应的应用潜力因地区和行业而异,但在所有地区,当前及未来能够以低成本实现的大部分技术潜力都集中在建筑行业,尤其是在空间和水供暖与制冷方面。空间供暖与制冷的电力需求可以在数小时时间范围内转移,这取决于热惯性。建筑行业的其他潜力存在于大型电器用电,如洗衣机、冰箱、洗碗机和干衣机等。随着时间的推移，电动汽车有望参与到需求响应计划中（IEA，2016）。

需求响应的发展带来的效益是巨大的，在国际能源署中心情景中，全面实现需求响应的技术潜力（6900太瓦时），能够到2040年为全球电力系统增加约185吉瓦的额外灵活性，相当于目前意大利和澳大利亚的电力装机容量之和，可以节省原本为确保供应安全所需要的2700亿美元新建电力基础设施（包括新建发电厂和输配电网络）投资。由于需求响应潜力大部分来自建筑行业，国际能源署中心情景预计，到2040年将有10亿户家庭和110亿台智能互联家电参与需求响应计划（图4.7）。大型商业建筑（如超市、酒店、写字楼等）、工业和电动汽车也可以发挥重要作用。

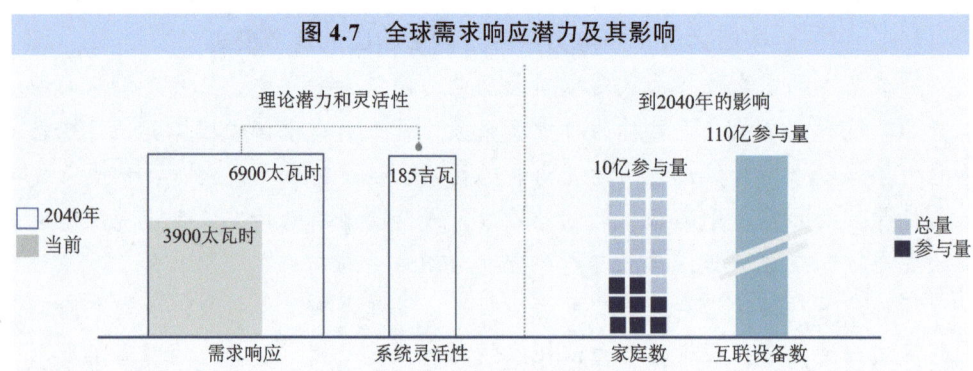

图4.7　全球需求响应潜力及其影响

关键信息：需求响应的最大潜力集中在建筑行业，到2040年预计将有10亿户家庭和110亿台智能互联家电参与需求响应计划。
资料来源：基于IEA（2016，2017d）的分析

虽然需求响应可以给整个系统带来显著效益，但个体的成本节约可能不足以说服大部分消费者自身参与需求响应计划，因为在发达国家这些节省量通常只占平均电费账单的一小部分。这时制定监管和政策框架的必要性就体现了出来，这些框架通过对电力系统运营商和消费者施行激励措施来充分分配成本和收益，同时确保电网安全①。

集成商（aggregator）也将起到关键作用。集成商也称为需求响应供应商，他们收集各种类型的用电需求和分布式发电（如可再生能源发电厂）供应的电力，通过调整电力需求和/或短时转移负荷来为电网提供平衡服务。集成商将集成的"负荷池"作为单个灵活机组（相当于虚拟发电厂）进行管理，并出售给

---

① 需要对有意和无意威胁电力系统基础设施的风险进行评估与管理，以维持电力系统的稳定性和可靠性（参见第6章）。

市场或电网运营商。通过这种方式，集成商为大量个体消费者/生产者和电力市场/电网运营商之间提供了对接（参见专栏 4.3）。

专栏 4.3

需求响应市场和集成商

近年来，需求响应市场稳步增长，预计未来将进一步增长。在全球范围内，2014 年需求响应市场价值超过 50 亿美元，预计到 2022 年将增长五倍（Grand View Research, 2016）。截至目前，北美地区仍然占据需求响应市场的主导地位，主要集中在美国加利福尼亚州，而亚太地区则占 10%以上，智能电表的不断普及是未来需求响应市场增长的主要推动力。

2014 年，需求响应总收入的 50%来自工业应用。随着越来越多的电力消费者参与进来，住宅市场的增长率将达到两位数。尽管传统公用事业单位和投资者对需求响应的兴趣与日俱增，需求响应市场仍然呈现出高度碎片化和有限区域导向的特点，一些集成商在特定地区占据较高地位，但在全球范围内的影响非常有限。尽管如此，主要市场参与者已经开始通过兼并收购①进行全球扩张，并且澳大利亚、印度、中国和日本等国家即将推出的智能电网项目可能将吸引更多的全球参与者。集成商的业务模式取决于监管框架，即允许电网运营商从第三方购买灵活性需求。该市场相对不成熟的现状及其地域分布充分反映了这一情况。因此，监管框架的进一步发展和稳定性将成为未来集成商模式发展的关键。

4.3 波动性可再生能源并网

波动性可再生能源，如太阳能光伏和风能，其本质上是间歇性的，只能够提前数小时到数天准确预测其输出能量，这些技术特性使其可预测性低于传统发电厂。国际能源署 450 情景预测②，到 2040 年全球将有超过 1/4 的电力来自风能和太阳能光伏发电（IEA, 2016），而在欧盟等地区这一比例还要高得多（参见专栏 4.4）。

---

① 例如，意大利国家电力公司在 2017 年 6 月收购了需求响应主要供应商之一的 EnerNOC 公司。
② 国际能源署 450 情景设定的能源发展路径是将大气中的温室气体浓度控制在 450ppm 二氧化碳当量，以实现将全球温度上升上限制在 2 摄氏度的目标。

专栏 4.4

数字化有助于欧盟电力行业脱碳

在欧盟，波动性再生能源在电力行业脱碳方面发挥着关键作用。国际能源署 450 情景预测，欧盟到 2040 年将有超过 570 吉瓦的风能和太阳能光伏机组并网（IEA，2016），可再生能源发电量接近 2100 太瓦时，占发电总量的 60% 以上，是目前水平的两倍多。风能和太阳能光伏发电占可再生能源发电量的近 60%（1250 太瓦时），使得欧盟成为风能和太阳能光伏发电量占比最高的地区之一。

为提高电力系统的灵活性，消纳更高比例的波动性可再生能源，欧盟致力于促进成员国内部及之间的电网互联①。尽管如此，一旦波动性可再生能源在欧盟各国电力结构中的占比平均超过 27%，就需要采取额外的灵活性措施，以避免太阳能光伏和风力发电总量在超过需求时弃风弃光。如果不采取额外灵活性措施，到 2040 年风能和太阳能光伏总弃电量将超过 85 太瓦时，约占其总发电量的 7%。

采取措施防止弃风弃光对扩大风能和太阳能部署至关重要。国际能源署中心情景预计，到 2040 年数字化需求响应措施可以减少约 22 太瓦时的弃电量，并可通过额外储能进一步减少 45 太瓦时，其中很大一部分将是数字化电池储能，通过上述举措可将弃风弃光量缩小至两者总发电量的 1.6%。这使得电力系统可以多消纳 67 太瓦时的波动性可再生能源电力，并减少约 3000 万吨的二氧化碳排放（图 4.8）。

图 4.8 到 2040 年欧盟电力系统采取灵活性措施的影响

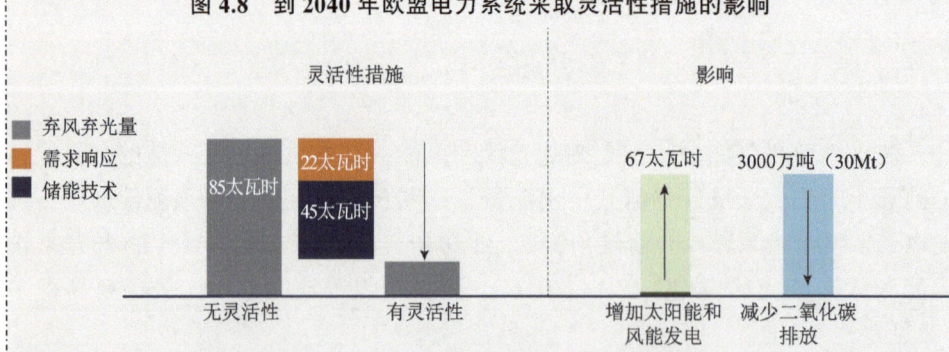

关键信息：数字化需求响应和储能技术将大幅降低弃风弃光率，提高其发电占比并降低二氧化碳排放。
资料来源：基于 IEA（2016）的分析

① 欧盟各成员国跨国互联的电力装机容量占欧盟电力装机总量的 11%。

波动性可再生能源在电力市场中占一定比例时，电力系统是否具有充分的灵活性将对维护系统可靠性和成本效益至关重要，这将影响基础设施的规划和运营模式。虽然有其他办法增加灵活性（如传统能源产出的爬坡或退坡），但数字化需求响应和储能仍有巨大的潜力亟待开发，可以经济有效地适应更高比例的波动性可再生能源，并加速电力行业的脱碳化。

4.4 电动汽车日益重要的作用

电动汽车有潜力变革乘用车交通方式，这将具有深远的影响。但其起始基数非常低，2016年全球电动汽车（包括插电式混合动力汽车和纯电动汽车）数量增加了一倍，达到200万辆，仅占全球汽车保有量的0.1%（IEA，2017d）。电动汽车充电基础设施的部署方式和技术将会对能源系统产生重大影响。

通常保证电动汽车在4小时内充满电需要提供近9千瓦（kW）的电力容量[①]，这相当于目前美国加利福尼亚州一个家庭的平均峰值用电需求。将电动汽车充电转移到用电需求低和具有丰富低成本电力（如太阳能和风能发电）的时段，可以减少电动汽车充电产生的额外电力需求，从而为系统节约大量成本。

推广电动汽车需要新的投资来建设充电基础设施，电动汽车代表了移动电力需求，因此理论上可以在一天内任何时候充电，无论是在充电速度较低的家庭或办公地点，还是在可快速充电的公共充电基础设施（Eurelectric，2015；Fitzgerald and Nelder，2017）。电动汽车利用电网充电的时间、地点和电量差异很大，这不仅取决于驾驶员的行为习惯，还取决于提供给消费者的现金奖励措施，以及为了增加系统灵活性和减少投资需求而采取的系统性激励措施。

需要充分利用数字技术来协调充电策略（即"智能充电"）。在智能充电方案中，价格手段和控制信号能够为互联电动汽车充电提供激励，使其在低成本、低碳电力充足时充电，或在电网拥堵时待机。智能充电需要配备数字基础设施以保证充电桩和后端系统之间的通信，以便电网运营商在特定时间发送指令来增加或减少需求。

在国际能源署中心情景中，全球发电量将达到12 000吉瓦。电动汽车的普及导致的电力需求增长在很大程度上取决于电动汽车的市场渗透率。由于电动汽车发展的不确定性，情景评估了不同电动汽车普及率带来的不同程度的影响。

---

① 假设电动汽车电池容量为35千瓦时。

在其中一种情景下，到2040年电动汽车保有量将达到1.5亿辆，电动汽车标准充电的电力需求将达到140吉瓦。而如果推广智能充电，仅需要75吉瓦装机，相应减少了65吉瓦的需求。在更大胆的情景设想中，到2040年全球电动汽车将达到5亿辆，实施智能充电则可减少110吉瓦的电力需求。

上述两种情景中智能充电方案提供的灵活性能够分别减少1000亿美元和2800亿美元的电力基础设施投资需求（新建发电机组和输配电基础设施），这些设施本用于满足由电动汽车带来的峰值电力需求（图4.9）。电动汽车的普及率越高，越能节约更多电动汽车和数字化基础设施的部署成本。在全球拥有5亿辆电动汽车的情景中，到2040年的成本节约量相当于所有电动汽车充电基础设施预计投资额的2/3。

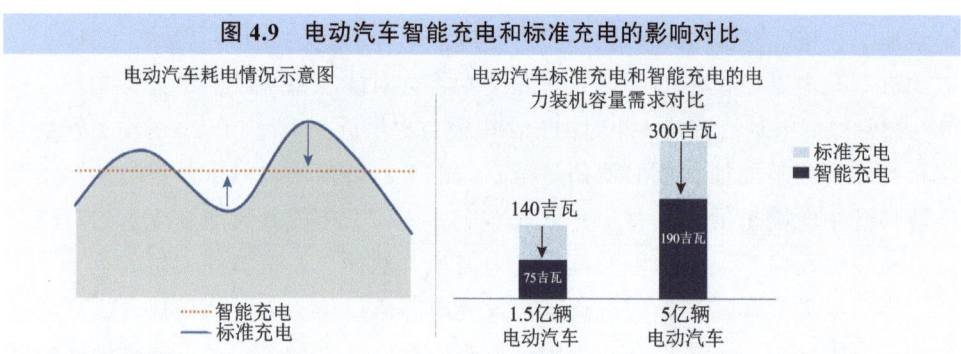

图4.9 电动汽车智能充电和标准充电的影响对比

关键信息：到2040年智能充电基础设施可减少65吉瓦电动汽车充电峰值需求，从而节省1000亿美元的电力系统建设资金。
资料来源：基于IEA（2016，2017d）的分析

智能充电还可以为电网提供服务以提高电能质量和可靠性，从而进一步提升其价值。除了智能充电之外，还可通过车辆到电网技术进行双向充电以提高系统的灵活性（参见专栏4.5）。

专栏4.5

车辆到电网：电动汽车作为移动式储能电池

作为车轮上的移动电池，电动汽车既能从电网中获取电力，又能向电网输送电力，因此可以向电网运营商出售平衡服务，或者在必要时满足家庭电力的需求。虽然为电网提供灵活性的益处巨大，但仍然存在一些技术问题，主要是使用车辆到电网技术会增加充电-放电循环次数，进而导致电池寿命下降得更快。

> 目前，车辆到电网技术正在通过试点项目和小型商业计划进行试验。最近的研究表明，仅使用车辆到电网技术来提供有价值的电网服务，如进行频率调节，不会影响电动汽车电池的使用寿命。然而，与其他住宅储能解决方案相比，使用车辆到电网来平衡住宅能耗（也称为 V2Home）在经济上可能缺乏吸引力。
>
> 车辆到电网的经济应用案例仍不明确，但充分挖掘其潜力需要从充电基础设施到互操作性需求开展特定投资和制定措施，这必须从一开始就部署到电动汽车项目中。需要在项目前期对车辆到电网应用进行评估，并最终采取行动以避免将来以高昂的成本进行系统改造。

电动汽车充电的地点和时间也很重要，尤其对于公用事业单位和配电商来说。电动汽车可以从用户侧（behind the meter）充电，如通过屋顶太阳能光伏系统或储能电池来满足充电需求，这样就可以在家或在白天工作时进行充电优化。电动汽车、电池和光伏系统生产商已经打算通过兼并收购来发挥这一优势。电动汽车也可以通过公共充电桩从配电网络充电。在这种情况下，传统公用事业单位/电网运营商的收入将更高，并更易于提供延迟充电等灵活性服务。

4.5 分布式发电、微电网和产消合一者

随着直接接入本地配电网的分布式能源的增多，电力行业变得越来越去中心化。数字化使用户（在大部分情况下通过聚合）能够更加积极地调节其电力生产（主要来自太阳能光伏）、使用和存储。

小规模分布式发电的兴起使得消费者日渐拥有选择从零售商处购买电力或者自己生产部分电力的权力，从而成为产消合一者。随着太阳能光伏和储能电池的成本持续下降，以及参与需求响应计划的用户逐渐增加，将有大量电力在"电表后"（即用户侧）生产和存储。应用新的数字技术能够灵活管理电力的获取和入网。

上述发展将变革电力供应的方式。随着小规模分布式发电的增长，由于电力净消耗的降低，通过电网生产和分配的电力将会减少，传统公用事业单位和电网运营商的收入可能会降低，除非提高成熟监管系统的使用费用。这反过来可能会减少传统公用事业单位和电网运营商对维护与升级基础设施的投入，或产生市场扭曲情况：完全依赖电网提供电力的消费者将停止补贴产消合一者，

产消合一者虽然从电网获取能源较少，但仍需要维护良好的电网基础设施。在某种程度上，电气化尤其是电动汽车等新负荷将有助于弥补从电网取电的电力消耗减少，但需要进行大规模的监管改革，以最低成本实现利益最大化（MIT，2016）。当地社区和城市将逐渐开始利用可交易能源和社区能源所带来的机会（参见专栏4.6）。

 **专栏 4.6**

区块链、可交易能源和端到端交易

区块链，也称为分布式账本技术，十年前由于加密货币比特币而首次引起人们的关注。区块链是一种分布式数据结构，收集事件的数字记录（例如，能源交易或太阳能发电）并通过加密将其与其他事件一起链接到带时间戳的"区块"，然后将该区块统一存储为分布式计算机上的"链"，区块链的任一参与者都可以读取或添加新数据。

写入区块链的数据并不依赖于单一（可能失效或受攻击的）计算机系统，因此区块链具备很好的防黑客攻击能力（参见第6章）。因为区块链是透明可靠的，促进了各方之间端到端的直接价值交换，而无须依靠第三方中介机构或服务商。原则上，这些端到端交易比通过中介（如能源交换）传输得更快且成本更低。区块链交易也可以通过"智能合约"自动化，根据预先确定的条件和设置进行自我触发、验证和支付，以实现自动交易。

新兴企业和公用事业单位都意识到了区块链解决能源行业关键挑战的潜力，包括协调智能电网中越来越多样的发电设备、业主和运营商，以及低阻力、自动化交易的需求，以实现系统灵活性。2015~2016年，能源行业区块链试验项目数量迅速增加，其中许多项目关注于用户市场，促进了太阳能发电产消合一者之间的微交易*。

美国纽约LO3 Energy公司正在利用区块链和微电网技术，在布鲁克林的一个社区实现与邻近社区端到端交易当地生产的可再生能源电力。德国初创公司StromDAO使用区块链创建了一个"虚拟发电厂"，参与方通过投资非当地的可再生能源装机并在现货市场转售，以实现自给自足。电网的税收均包含在内。德国公用事业单位Innogy（原RWE公司）正在创建一个区块链电子钱包来管理电动汽车充电收费，车主将通过智能合约支付不同地点的充电费、停车费和高速公路通行费等。车主还将受益于获得拼车费用。

尽管仍处于早期小规模阶段，但这类项目表明，分布式能源、可交易能源的灵活性和区块链技术可以协同发挥积极作用。然而，有几个因素可能会限制能源区块链技术的发展。类似布鲁克林这样完全独立的端到端系统可能无法扩大规模，尤其是因为更大、更复杂的区块链需要增加对计算能力的投资。规模更大的项目，如 StromDAO 公司则依赖于公共电网，限制了其价格的可协商性。虽然应用范围很广，但区块链在能源行业应用的现实潜力具有很大的不确定性，而且使用传统的信息通信技术同样可以提供有效的解决方案，如 Innogy 公司实施项目提出的交互式能源和相关服务等。

---

*这并非区块链的全部用途，其他用途正在整个能源链中进行测试。例如，Enerchain 项目正在欧洲测试电力和天然气批发市场的端到端交易与结算，由意大利国家电力公司（Enel）、西班牙伊维尔德罗拉公司（Iberdrola）、德国莱茵集团（RWE）、法国道达尔公司（Total）和瑞典大瀑布电力公司（Vattenfall）等提供支持（https://enerchain.ponton.de）。新兴企业 Grid Singularity 公司正在使用区块链来收集能源生产和电网设备性能数据（http://gridsingularity.com）。美国 Volt Markets 公司使用区块链来跟踪可再生能源证书（RECs）（https://voltmarkets.com/blockchain）。有一个项目已汇集了数百万个太阳能设施，可实时将太阳能数据发布到区块链，供科学家和研究人员使用，项目网址为 www.electricchain.org。2014 年，荷兰 BAS 公司成为世界上第一家接受比特币支付账单的能源公司，其后德国 Enercity 公司、比利时 Elegant 公司和日本丸红株式会社（Marubeni）等也相继接受比特币支付。

在更成熟的市场，部署微电网可以为当地社区带来益处：增加其社区成员之间生产、交易和分配的可再生能源发电量；形成一个分布式能源互联网络，提高电网的整体灵活性和效率；创建财政激励措施和商业模式，鼓励社区对可再生能源和能源效率的投资。

尽管在较发达的能源市场中分布式发电和储能预期将出现增长，但在可预见的未来，大多数电力系统很可能仍主要基于集中式发电和强大的输配电网络。此外，本章中提到的许多技术也可采用集中式的方式部署。实际上，将区块链应用于配电网中的可交易能源等追踪解决方案仍需要集中式基础设施的支持。

目前，在全球某些缺乏充足能源服务的地区，分布式发电和储能也将是提高能源普及率的极富吸引力的方法（参见第 7 章）。事实上，数字化分布式解决方案能够先为这些地区提供能源，之后再与电网相连接。

集中式方案与分布式方案的发展前景因国家不同而大相径庭。一个国家已经建立了多少基础设施，满足电力需求需要多少新的投资，现有的能源结构、资源储量、当前的政策框架如何，都会促进或限制数字化分布式能源的发展。

在许多系统中，集中式基础设施很可能演变为与分布式能源设施形成互补，但能够为用户提供后者无法提供却必不可少的服务，如保障可靠性和其他非能源传输服务等。例如，在中国，对输电网的大规模投资已成为将偏远地区集中式发电与主要需求中心互联的必要条件。

4.6 向更智能的能源系统转型

每个国家的电力行业都有其独特性，不同国家，甚至单个国家内部的基础设施状况、用于发电的燃料组成、可再生能源和常规能源资源禀赋、需求模式、经济结构等均各不相同。因此，电力行业的数字化转型没有唯一的发展终点。事实上，任何地区都无法达到一个最佳的发展终点，因为技术将持续进步、政策认知将持续演变。

能够将本章所述的各种跨行业关联关系变现的商业新模式，是电力行业转型的基石。这将为能源消费者提供新的体验，因为数字化重新定义了他们与供应商之间的交互关系。根本的转变可能将从仅提供能源、资产密集型的商业模式转向能够进行服务交换的平台（World Economic Forum，2017）。例如，电力销售、优化用户自身消耗的能源管理技术、电动汽车充电、其他服务可以打包在一起。

传统公用事业单位、电网运营商和第三方已经在开发分布式能源的联合平台，包括在用户侧安装的屋顶太阳能光伏和储能电池，并将其作为"虚拟电厂"运行。法国、丹麦、美国、韩国和日本一些不同规模的试点项目正在开展社区能源、端到端交易或虚拟市场的试验。

政策将是电力行业转型进程快慢和能否成功的关键，许多国家的政府已经支持部署数字技术和分布式能源，以及交通和其他终端应用行业的电气化。这些工作有助于降低技术成本和加快普及速度。

除物理设施外，许多国家还在重新规划其电力市场，以建立一个协调一致且结构完善的监管框架，充分发挥数字化的潜力，同时确保能源安全和市场正常运行。例如，欧盟委员会提出了一系列措施（从"数字化单一市场"到"为所有欧洲人提供清洁能源"），以使消费者、公用事业单位和其他利益相关方充分受益于数字化。跨行业和政府部门的政策协调对于充分发挥数字化的潜力、有效应对挑战至关重要。

参 考 文 献

Bloomberg New Energy Finance (2017). Utilities, Smart Thermostats and the Connected Home Opportunity. Bloomberg Finance L.P., New York.

Eurelectric (2015). Smart Charging: Steering the Charge, Driving the Change. A Eurelectric paper, March 2015. www.eurelectric.org/media/169888/20032015_paper_on_smart_charging_of_electric_vehicles_finalpsf-2015-2301-0001-01-e.pdf.

Fitzgerald, G. and C. Nelder (2017). From Gas to Grid: Building a Charging Infrastructure to Power Electric Vehicle Demand. Rocky Mountain Institute, Colorado.

Gils, H.C. (2014). Assessment of the theoretical demand response potential in Europe. Energy, 67, 1-18. Elsevier, https://doi.org/10.1016/j.energy.2014.02.019.

Grand View Research (2016). Smart Demand Response Market Analysis by Application (Residential, Commercial, Industrial) and Segment Forecasts To 2022. www.grandviewresearch.com/industry-analysis/smart-demand-response-market.

Holdowsky, J. et al. (2015). Inside the Internet of Things. Deloitte University Press. https://dupress.deloitte.com/content/dam/dup-us-en/articles/iot-primer-iot-technologies-applications/DUP_1102_InsideTheInternetOfThings.pdf.

IEA (International Energy Agency) (2017a). Renewables 2017. OECD/IEA, Paris.

IEA (2017b). Tracking Clean Energy Progress 2017. OECD/IEA, Paris.

IEA (2017c). World Energy Investment 2017. OECD/IEA, Paris.

IEA (2017d). Energy Technology Perspectives 2017. OECD/IEA, Paris.

IEA (2016). World Energy Outlook 2016. OECD/IEA, Paris.

MIT (2016). Utility of the Future: An MIT Energy Initiative Response to an Industry in Transition. Massachusettes Institute of Technology, Cambridge, MA. http://energy.mit.edu/wp-content/uploads/2016/12/Utility-of-the-Future-Full-Report.pdf.

Navigant Research (2017). Market data: Demand Response. Global Capacity, Sites, Spending and Revenue Forecasts. Navigant Consulting, Inc., www.navigantresearch.com/research/market-data-demand-response.

O'Connell, N., et al. (2015). "On the inclusion of energy-shifting demand response in production cost models: Methodology and a case study". National Renewable Energy Laboratory (NREL), U.S. Department of Energy Office of Energy Efficiency & Renewable Energy, Washington, D.C., http://orbit.dtu.dk/files/118476222/NREL_Official_Report.pdf.

World Economic Forum (2017). Digital Transformation Initiative: Mining and Metals Industry. http://reports.weforum.org/digital-transformation/wp-content/blogs.dir/94/mp/files/pages/files/wef-dti-mining-and-metals-white-paper.pdf.

第 5 章

信息和通信技术的能源消耗

本章要点

- 信息和通信技术，包括数据中心、数据网络和互联设备等，已经成为用能的重要来源。

- 未来几年将有数十亿台设备和机器相互连接，这些用电设备将需要更多的数据中心和网络服务，并相应带来能源消耗的增加。然而，能源效率的持续提升可能会在未来五年显著遏制数据中心和网络总体用能的增长。

- 2014 年全球数据中心的耗电量约为 194 太瓦时，约占全球用电总量的 1%。尽管有预测到 2020 年数据中心工作负载会增加两倍，但由于效率的提升，预计相关耗电量仅增长 3%。

- 2015 年全球数据网络的耗电量约为 185 太瓦时，约占全球用电总量的 1%，其中移动网络约占 2/3。根据未来的能效发展趋势，到 2021 年数据网络的耗电量可能会增加 70% 或下降 15%。

- 互联设备的迅速普及，使得"物联网"蓬勃发展，从而为更高效利用能源创造了机会。然而，这些互联设备也需要使用电力。到 2020 年，预计将有超过 200 亿台物联网设备和近 60 亿部智能手机联网，制定提高设备效率和降低待机功耗的政策对于限制用能增长至关重要。

- 对五年之后的信息和通信技术能源消耗量开展可靠的评估极具挑战性。在更长时期内，除了数据需求预期将大幅增长外，关键的不确定因素是能效究竟会持续提升，还是减缓或停滞。

5.1 引　　言

随着世界日益数字化，信息和通信技术正成为用能的重要来源。本章主要聚焦三个关键领域的直接能源消耗[①]：

1）数据中心。用于存放能够存储、处理和分发大量数据的联网计算机服务器。数据中心使用能源为信息技术（IT）硬件（如服务器、磁盘、网络设备）和基础设施（如冷却设备）供电。

2）数据传输网络。在两个或多个互联设备之间传输数据。数据网络通过固定网络和移动网络传输数据，该过程需消耗电能。

3）互联设备[②]。可联网并与网络或其他设备交互的消费电子产品、电器、其他设备等。

随着未来数年内数十亿台设备和机器互联，这些用电设备推动了对数据中心和网络服务需求的增长。2007~2012年，全球信息和通信技术年均用电量估计增长了7%，而全球用电总量每年增幅仅为3%（Van Heddeghem et al., 2014）[③]。

提高能源效率有助于限制上述三个领域的用能增长，计算效率（由Koomey定律[④]描述）的重大提升和较短的设备寿命（加速了周转率），提高了设备、数据中心和网络的效率。从阴极射线显示器（CRT）到液晶显示器（LCD）、从个人电脑到平板电脑和智能手机的转变等，设备变得越来越小，而能效越来越高（Malmodin and Lundén, 2016；Stobbe et al., 2015；Urban et al., 2014）。在美国，尽管对数据中心服务的需求增长强劲，但自2010年以来，数据中心能源消

[①] 本章主要关注信息和通信技术运行阶段的直接能源消耗。从生命周期的角度来看，数据中心和网络的运营能耗占主导地位，而对于互联设备，制造和处置阶段通常需要消耗更多能源。对于电池供电的移动设备来说尤其如此，这些设备已经非常高效，但却比数据中心寿命更短且使用频率更低，数据中心需要持续运行且寿命更长（Hischier et al., 2014）。

[②] 互联设备通常也被称为联网设备、终端设备或边缘设备（如网络边缘设备）。

[③] 该研究中信息和通信技术包括数据中心、数据网络和个人计算机。

[④] 根据Koomey定律，每1.57年计算硬件的峰值输出效率翻番（Koomey et al., 2011）。峰值输出效率是峰值输出期间每千瓦时耗电量运行的计算次数。最近的分析表明，由于登纳德缩放比例定律（Dennard Scaling）的终结[Bohr（2007）中阐述]，自2000年以来这一周期已放缓至2.7年（Koomey and Naffziger, 2015, 2016）。也就是说，大多数计算机在峰值输出状态的运行仅占一小部分时间（例如，移动设备和笔记本电脑约为1%，企业数据服务器约为10%）。但令人鼓舞的是，另一种指标"典型使用效率"仍预计到2020年将每1.5年翻一番（Koomey and Naffziger, 2015）。这一指标考虑一年内的平均效率，可能更适合衡量设备效率。

耗已经趋于稳定（Shehabi et al.，2016）。信息和通信技术能源消耗的未来方向将取决于上述趋势如何随着时间的推移而发挥作用。

5.2 能源消耗现状及近期展望

5.2.1 数据中心

世界上大多数互联网协议（IP）流量[①]都通过数据中心，提高互联性会增加对数据中心服务和能源（主要是电力）消耗的需求，并且产生倍增效应。每从数据中心传输到最终用户 1 比特的数据，数据中心内部和数据中心之间还会额外传输 5 比特的数据（Cisco，2016a）。

国际能源署中心情景预计，2014 年全世界数据中心的电力需求约为 194 太瓦时，约占电力需求总量的 1%。尽管全球对数据中心服务的需求大幅增加，但近年来各国一致致力于提高能效，遏制了电力需求的进一步增长。Koomey（2011）估计，2010 年全世界数据中心共耗电 203～272 太瓦时，占当年全世界用电总量的 1.1%～1.5%[②]。

以工作负载（workload）[③]（Cisco，2016a）和数据中心服务器数量（Shehabi et al.，2016）来衡量，美国仍是世界上最大的数据中心市场。2010～2014年，美国数据中心的年度用电量基本持平，占2014年美国用电总量的1.8%左右（Shehabi et al.，2016）。如果效率没有得到提升，在同一时期的能源消耗量可能会翻倍。亚太地区是全球第二大市场，预计到2020年将占到全球数据中心工作负载的1/3以上（Cisco，2016a）。

---

① IP 流量包括固定网络和移动互联网流量（跨越互联网主干网的 IP 流量）、企业 IP 广域网（WAN）流量、电视和视频点播（VoD）的 IP 传输流量等。

② 自 Koomey（2011）以来，学者对全球数据中心能源消耗情况的研究很少。Van Heddeghem 等（2014）估计 2012 年全球数据中心电力消耗为 268 太瓦时。各项研究在估算数据中心能源消耗方面所使用的研究方法和范围差异很大，因此难以对各研究进行横向比较。国际能源署全球估算数据使用美国劳伦斯伯克利国家实验室（LBNL）数据中心模型和技术假设（Shehabi et al.，2016），全球服务器和存储容量的假设源自思科全球云指数（GCI）系列（Cisco，2016a），与 Koomey（2011）的方法兼容。国际能源署认为这种方法是合理的，因为 LBNL 的方法和数据经过了 IT 行业的充分审查，而且思科全球云指数的全球服务器和存储容量的数据具有全球普遍性。

③ 工作负载是量化计算机在给定时间内可执行处理量的度量单位。

国际能源署预测，根据当前硬件和数据中心基础设施效率的发展趋势，尽管到 2020 年数据中心工作负载将增加两倍，服务器数量将增加 22%，存储磁盘数量将增加 46%（Cisco，2016a；Shehabi et al.，2016）[①]，但全球数据中心用能仅增长约 3%，达到 200 太瓦时（图 5.1）[②]。由于服务器、存储设备、网络交换机和数据中心基础设施效率的持续提升[③]，以及云数据中心和超大规模数据中心会占据更大份额，将抵消对数据中心服务强劲增长的需求。超大规模数据中心是极为高效的大型公共云数据中心，由像阿里巴巴、亚马逊和谷歌等 IT 公司运营（Cisco，2016a）。

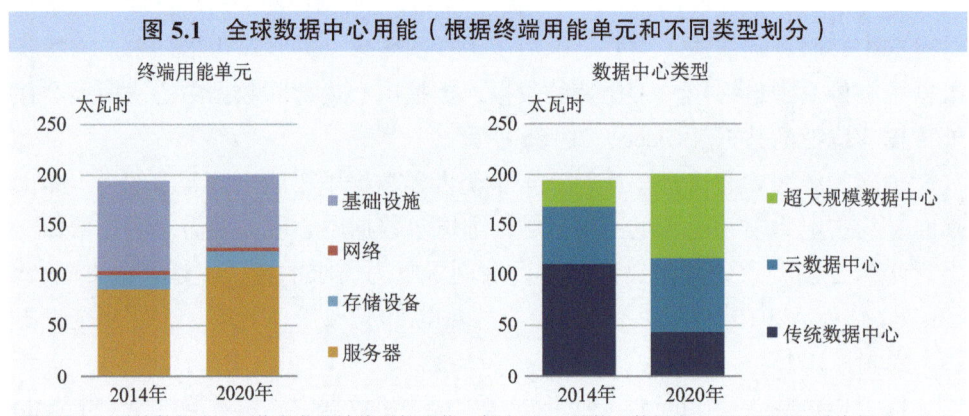

图 5.1 全球数据中心用能（根据终端用能单元和不同类型划分）

关键信息：尽管数据中心工作负载预计将增加两倍，但由于 IT 硬件和数据中心基础设施的效率提升，以及向超大规模数据中心的转变，预计到 2020 年全球数据中心的电力需求仅增长 3%。

注：数据中心基础设施的用能是指非 IT 设备（如冷却设备等）消耗的能源。

资料来源：国际能源署基于 Cisco（2011a，2012a，2013a，2014a，2015a，2016a，2016b，2016c）；Cook 等（2017）；Shehabi 等（2016）等参考文献研究结果的分析。

通常通过外包数据中心服务，即从小型低效数据中心转向更大的云数据中心和超大规模数据中心，这是提高能效的主要来源。鉴于大型数据中心的电力使用效率（PUE）[④]非常低，数据中心基础设施单元在用能总量中的份额不断降低（图 5.1 左图），且这一趋势极为明显。超大规模数据中心拥有高效 IT 设备并以高容量运行，这需要部分归功于虚拟化软件，可使数据中心运营商以更少

[①] Cisco（2016a）预计，全球数据中心的服务器数量将从 2014 年的约 3900 万台增加到 2020 年的约 4800 万台，全球数据中心的存储容量将从 2015 年的约 380 艾字节增加到 2020 年的 1800 艾字节以上。

[②] 本分析基于思科全球云指数的数据中心工作负载预测，最新可用预测数据截至 2020 年。

[③] 数据中心基础设施包括冷却设备、不间断电源、照明等（Shehabi et al.，2016）。

[④] 电力使用效率衡量数据中心的能源使用效率，性能最高的超大规模数据中心的电力使用效率约为 1.1（意味着 IT 设备每消耗 1 千瓦时，其冷却/供电等基础设施消耗 0.1 千瓦时）。

的服务器提供更高的工作产出（Cisco，2016a）。然而，由于超大规模数据中心通常远离终端用户，其仅适用于对数据传输延迟要求不高的工作。到2020年，超大规模数据中心将占数据中心服务器总量的47%，高于2015年的21%（Cisco，2016a）[①]。

全球数据中心能源消耗的近期发展趋势将主要取决于信息和通信技术行业在提高能效方面的努力，以及政府促进高效数据中心发展的政策和计划。专栏5.1中对印度数据中心能源消耗前景的分析展示了节约能源的技术潜力，以及如果未实现这种潜力，能耗将大幅增加的风险。

 专栏 5.1

印度数据中心能源消耗的两种未来

尽管印度拥有大量的IT技术人员，并扮演着IT技术产业中心的角色，但它在全球数据中心行业中所占份额较小。截至2016年，印度市场共销售服务器约15万台，仅占全球服务器销售额的1.5%左右（IDC，2016，2017）。相比之下，仅美国市场销售数量即达到约300万台（Shehabi et al.，2016）。但预计未来数年内，印度数据中心市场规模每年将增长20%以上，其中大部分来自大型云数据中心（Alchemy Research and Analytics，2015）。这一增长与思科全球云指数对整个亚太地区工作负载增长的预测相一致（Cisco，2016a）。国际能源署对印度信息技术制造商协会（MAIT，印度信息和通信技术行业协会）和思科全球云指数工作负载增长数据的分析表明，印度服务器数量将从2014年约46万台增加到2020年约82万台（MAIT，2016）。

国际能源署中心情景预计，2014年印度数据中心的用能约为2.2太瓦时，约占印度用电总量的0.2%（图5.2）。根据当前的发展趋势，到2020年受服务器和云数据中心及超大规模数据中心增长的推动，印度数据中心用能可能会增长50%以上。由于亚太地区工作负载需求增长较快，这一增长率将高于全球平均水平和美国。在改进管理情景中[效仿Shehabi等（2016）在文中描述的美国改进的管理实践]，到2020年用能相比于当前发展趋势情景可降低约15%。这表明，尽管印度市场的IT设备和数据中心数量增长强劲，仍可以显著放缓其用能增长。

[①] 在同一预测期内，Cisco（2016a）预计全球位于传统（即非云）数据中心的服务器占比将从52%降至23%。

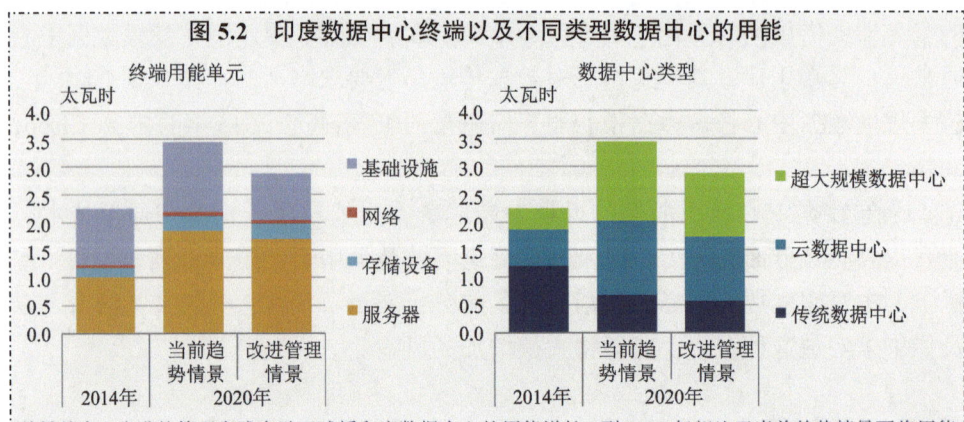

图 5.2 印度数据中心终端以及不同类型数据中心的用能

关键信息：改进的管理实践有助于减缓印度数据中心的用能增长，到 2020 年相比于当前趋势情景可将用能降低约 15%。

注：改进的管理情景（Shehabi et al.，2016）包括削减未使用的服务器数量，以及改进电力使用效率以取得全球数据中心的最佳实践值。

资料来源：国际能源署基于 Cisco（2011a，2012a，2013a，2014a，2015a，2015b，2016a，2016d）；Confederation of Indian Industry（2013）；Confederation of Indian Industry 和 LBNL（2016a，2016b）；Cook 等（2017）；MAIT（2016）；Shehabi 等（2016）等参考文献研究结果的分析

5.2.2 数据传输网络

国际能源署中心情景预计，2015 年全球互联网数据传输网络[①]的用电量约为 185 太瓦时，约占全球用电总量的 1%（图 5.3）[②]，其中移动数据网络约占 2/3。与数据中心一样，未来的用能取决于数据需求的增长和效率提升的步伐。

对未来数据传输网络用能的预测结果范围较广，国际能源署根据两种能源效率改进情景预测到 2021 年的电力需求：一种假设能源效率每年适度提升 10%，这是接近历史改善水平的保守估计；另一种根据发达国家高利用率、管理完善的数据网络所达到的历史水平，假设每年以 20% 的速度提升效率。在效率适度提升情景中，到 2021 年[③]电力需求范围的中间值增长超过 70%，达到约 320 太瓦时；在效率高速提升情景中，中间值下降 15%，达到约 160 太瓦时（图 5.3）。

[①] 互联网数据传输网络包括核心网、城域网、边缘网和接入网（有线、WiFi 和移动），传统固定电话系统和设备不包括在内。

[②] 其他近期研究显示，数据传输网络用电量占全球用电总量的1%～1.5%，其中约一半来自移动网络（Andrae and Edler，2015；Corcoran and Andrae，2013；Ericsson，2015；Malmodin，Bergmark and Lundén，2013）。但是，由于数据源、系统边界和数据流量假设的差异，横向比较全球数据传输网络用能的估算结果较为困难。因此，本书中数据网络能源消耗估算值存在较大的不确定性（图5.3）。

[③] 国际能源署分析使用来自思科视觉网络指数的 IP 流量预测，最新可用预测结果截至 2021 年。

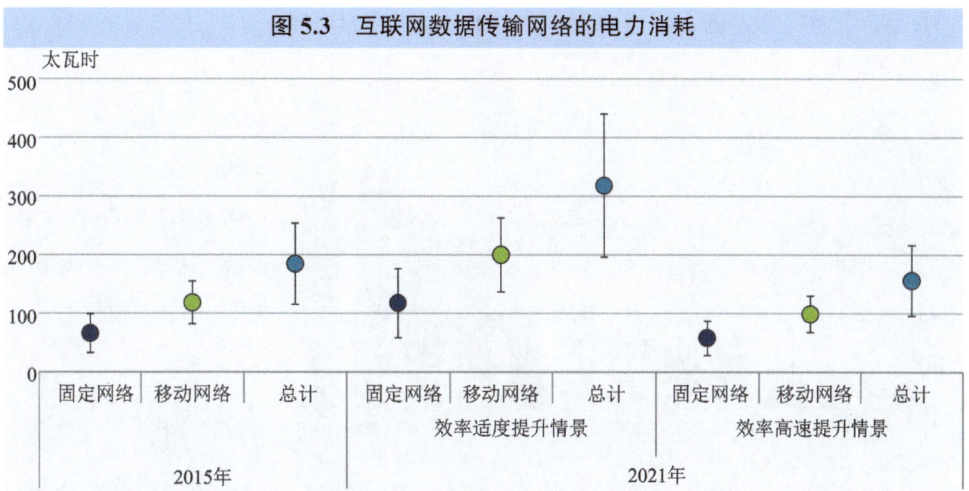

图 5.3 互联网数据传输网络的电力消耗

关键信息：数据传输网络未来电力需求的前景主要取决于效率提升的步伐。
注：预估的效率范围用竖线表示，圆点为中间值。
资料来源：国际能源署的分析基于 Cisco（2016e，2017a）对全球 IP 流量的预测数据，以及 Andrae 和 Edler（2015）；Aslan 等（2017）；Fehske 等（2011）；GSMA（2012）；Malmodin（2017）；Malmodin 等（2014）；Schien 和 Preist（2014）；Schien 等（2015）等参考文献对数据传输网络能源强度的预测数据

　　几个相关的发展趋势正在决定未来数据网络的用电情况。2011～2016 年全球 IP 流量增长超过 3 倍，预计 2016～2021 年也将保持近似的增长速度（Cisco，2017a）。到 2021 年，预计全球固定宽带平均速度将比 2016 年翻倍，达到 53 兆比特/秒（Mbps），比 15～20 年前广泛使用的 56 千比特/秒（Kbps）调制解调器速度快 1000 倍（Cisco，2017a）。未来五年的数据需求增长将受到消费者市场的强烈推动，目前占所有数据需求量的 80%，主要来源于视频（Cisco，2017a）。数据传输的性质正在迅速变化，到 2021 年来自无线和移动设备的流量预计将占 IP 总流量的 63% 以上，高于 2016 年的 49%（图 5.4）。

　　鉴于在当前网速下，移动网络的电力强度（千瓦时/吉字节）（kWh/GB）比固定网络要高得多，移动网络的进一步普及可能对数据传输网络的电力需求产生重大影响。第二代移动通信（2G）网络比固定网络能耗大约高两个数量级（即超过 100 倍），第三代移动通信（3G）网络大约高一个数量级（即超过 10 倍），而第四代移动通信（4G）网络大约高四倍（图 5.5）[①]。虽然最新的移动通信技术的能耗远低于旧技术（例如，4G 网络的能效比 2G 网络高 50 倍以上），但更

---

① 移动网络的平均能量强度因容量利用率而存在显著差异，随着某一数据接入模式（例如，2G 网络、3G 网络或 4G 网络）的流量增加，其总体平均能量强度将降低，这意味着和固定网络能量强度的精确比较与特定情况高度相关。另外，此处提供的各种移动数据接入模式的能量强度整体排序具有全球普遍性。

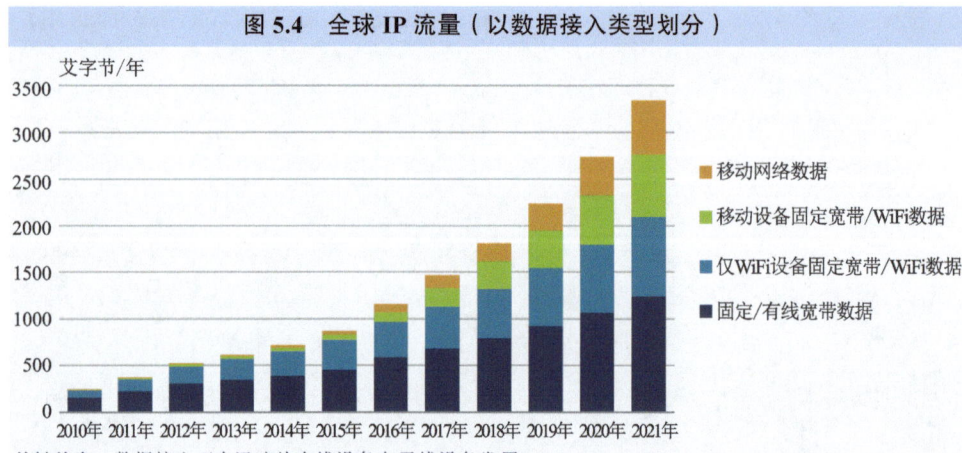

图 5.4 全球 IP 流量（以数据接入类型划分）

关键信息：数据接入正在迅速从有线设备向无线设备发展。
资料来源：国际能源署基于 Cisco（2011b，2012b，2013b，2014b，2014c，2014d，2015b，2015c，2016e，2016f，2017a，2017c）的计算结果

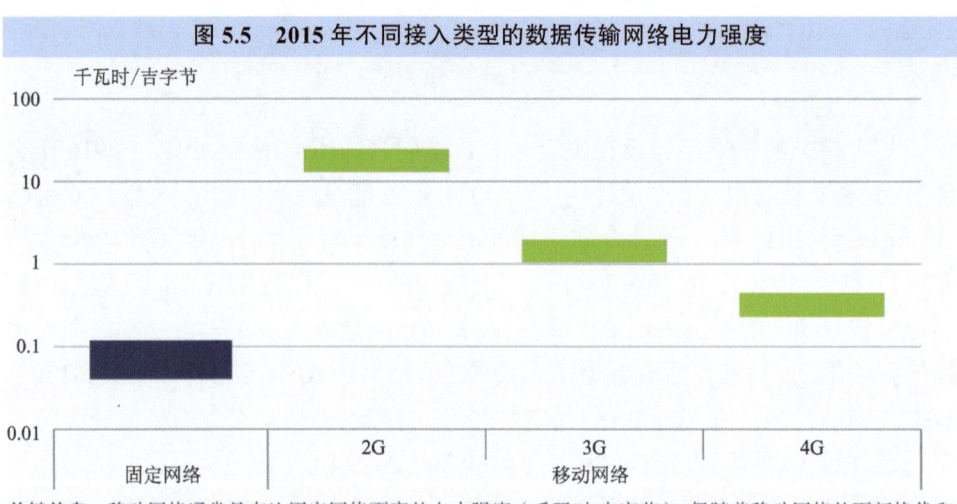

图 5.5　2015 年不同接入类型的数据传输网络电力强度

关键信息：移动网络通常具有比固定网络更高的电力强度（千瓦时/吉字节），但随着移动网络的更新换代和扩容，这一差距正在缩小。
注：固定网络和移动网络能源强度包括核心网、城域网、边缘网和接入网；由于电力强度的巨大差异，使用对数尺度来展示数量级的差异；固定网络和移动网络的能源强度高度依赖于网速。
资料来源：国际能源署基于 Andrae 和 Edler（2015）；Aslan 等（2017）；Fehske 等（2011）；GSMA（2012）；Malmodin（2017）；Malmodin 等（2014）；Schien 和 Priest（2014）；Schien 等（2015）等参考文献研究结果的分析

高的速度也会提高网络使用率和流量。

移动互联和流量增长最快的领域之一是机器到机器，包括用于物流和车辆的全球定位系统、智能仪表和其他物联网技术，这些技术可以实现第 2 章和第 4 章所讨论的许多能效与需求响应机遇。预计到 2021 年将有超过 130 亿个机器

到机器互联，高于 2016 年的 60 亿个（Cisco，2017c）。一些机器到机器互联向低功率广域（LPWA）网络技术转变，其具有非常低的能耗，可以降低机器到机器互联大量增长导致的能量需求猛增。但同时，还需要考虑低功率广域网络技术的安全和隐私风险（GSMA，2017a）。

尽管数据需求增长强劲并向移动传输转变，但下面三个重要趋势有助于减缓这些增长，并可抑制用能的整体增长：

1）数据传输网络技术正加速变得更加高效，这意味着可以用更少的能源来传送更多数据。2000 年以来，发达国家的固定网络能量强度每两年减半（Aslan et al.，2017）。近年来，移动网络能效以每年 10%～20% 的速度提升（Fehske et al.，2011；GSMA，2012；Verizon，2012）。

2）网络容量的利用率正在增加，即使使用现有设备，也会降低每字节数据传输所消耗的能源。

3）移动网络正在从旧网络迅速转向更高效的 4G 网络。预计到 2021 年，4G 网络将覆盖大约 80% 的移动流量，而 2G 网络覆盖率将不到 1%（Cisco，2017b）。

5.2.3 互联设备

互联设备也称为联网设备、边缘设备或终端设备，包括可以连接到网络并与网络或其他设备发生交互的消费电子产品、电器和设备等。目前，只有少数设备连接到通信网络，主要是计算机、电视、路由器和调制解调器。随着宽带互联网、无线和移动接入的广泛普及，遍及各行业的各种消费设备、电器和基础设施正连入互联网或彼此互联。

预计未来数年将有数十亿台新设备接入网络，智能手机将从 2016 年 38 亿部增加到 2020 年近 60 亿部（GSMA，2017b）[①]，而互联的物联网设备预计将从 2016 年约 60 亿台增加到 2020 年 200 多亿台（Gartner，2017）。长远来看，大多数电子设备，甚至一些消费品（如服装），都可以成为互联的物联网设备，消耗能源来收集、处理、存储、传输和接收数据。

在讨论互联设备的能源消耗时（作为信息和通信技术的一部分），有必要区分两种类型的互联设备：①"电子边缘设备"，其主要功能是数据存储/使用，如笔记本电脑和智能手机；②"其他边缘设备"，其主要功能与数据无关，如联

---

① 智能手机已经在推动包括能源在内的所有行业效率提升和创建商业新模式方面发挥重要作用。例如，在交通运输行业，智能手机使得基于应用程序的约车服务成为现实（参见第 2 章）。

网厨房电器和汽车。本节仅考虑与数据相关的能源消耗,特别是"电子边缘设备"能耗和"其他边缘设备"的联网待机能耗[①]。

已有一些研究估算了互联设备的能耗(例如,Andrae and Edler,2015;Corcoran and Andrae,2013;IEA,2014;Malmodin et al.,2010;Malmodin,Bergmark,and Lundén,2013;Van Heddeghem et al.,2014)。然而,由于研究的时间、范围/边界、假设和数据源等不同,很难直接比较不同研究的结果[②]。

值得注意的是,互联设备直接消耗的电能只是其能耗的一部分,因为制造和处置这些设备也需要消耗能源,这对小型、高效和低寿命设备(如平板电脑和智能手机)更为重要[③]。平板电脑生命周期内消耗的能源中超过3/4[④]与其生产有关,而对于台式计算机,其直接使用阶段的能耗则占一半以上(Hischier et al.,2014)。

互联设备的增多将继续扩大数据生成和传输的体量,并增加数据中心和数据网络消耗的能源。相应地,由于具有较高的运行效率,这些间接影响对于小型设备更为重要。对于平板电脑而言,用于提供其互联网服务的能源估计比生产、使用和处置设备所需的能源高出10倍以上(Hischier et al.,2014)。

5.3 用能长期展望

鉴于技术进步和变化的快速发展,对未来五年之后的信息和通信技术能源消耗进行可靠预测极具挑战性,本节简要探讨了未来信息和通信技术用能的关键驱动因素。

预计2020年以后,对数据中心服务的需求将持续强劲增长,其对能源消耗的影响在很大程度上将继续取决于能效提升的速度。持续向高效的云数据中心和超大规模数据中心转移将降低数据中心服务的能源强度,人工智能和机器学习的应用也能够降低其能源强度。近期的一个案例中,机器学习在谷歌数据

---

① 虽然"其他边缘设备"确实需要消耗能源来提供其主要服务,但是这些需求应被视为其各自终端行业用能的一部分(例如,互联冰箱作为家用电器,是建筑业的一部分)。

② 例如,Van Heddeghem 等(2014)估计2012年个人电脑(包括台式机、笔记本电脑和显示器)的总能耗为307太瓦时,而 Malmodin,Bergmark 和 Lundén(2013)则估计2015年个人、家庭和办公室信息和通信技术设备的能耗将达到380太瓦时。

③ 从生命周期的角度来看,数据中心和网络的运行能耗占主导地位,而对于互联设备,用于制造和处置设备的能耗则更高(Hischier et al.,2014)。

④ 包括用于设备生产、使用和报废(即处置)的能耗,参考 Hischier 等(2014)对该假设的详尽讨论。

中心的应用使其制冷能耗降低了 40%（DeepMind，2016）。如果对数据中心服务的需求超过效率增益，则使用可再生能源为数据中心供电对于抑制温室气体排放将变得越来越重要（参见专栏 5.2）。

 专栏 5.2

数据中心、可再生能源和需求响应潜力

信息和通信技术公司，特别是超大规模数据中心运营商，已经在可再生能源方面进行了巨额投资，以保护自己免受电价波动的影响，减少对环境的影响并提高品牌声誉（Cook et al.，2017；World Resources Institute，2017）。营业收入排名前 50 位的信息和通信技术公司中，有 20 多家已经量化了可再生能源采购目标，包括有些已通过与电力生产商签订电力采购协议（PPAs）来实现 100%由可再生能源供电的承诺目标。总体而言，在过去三年中，信息和通信技术公司占企业可再生能源电力采购协议总量的一半以上（图 5.6）。虽然信息和通信技术电力采购协议在可再生能源新增装机容量中所占比例仍然较小，如在 2016 年并网的超过 160 吉瓦装机容量中仅占 1.9 吉瓦，但由于这些公司的规模和影响力，信息和通信技术公司的采购仍将是推动多个地区可再生能源投资的重要因素（Miller et al.，2015）。

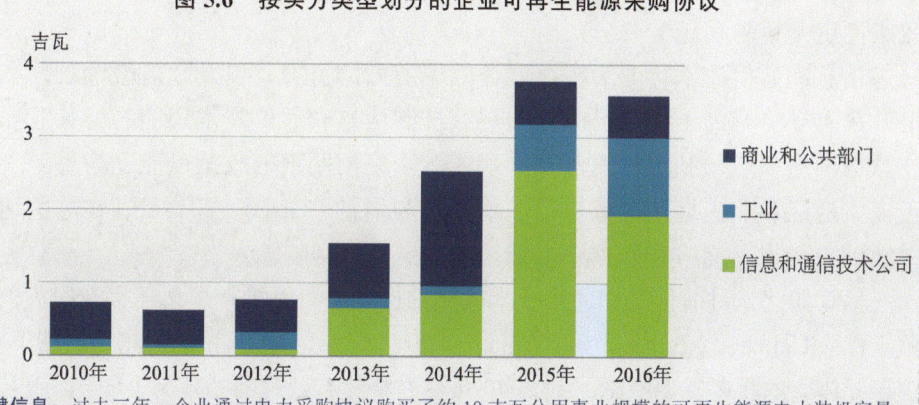

图 5.6　按买方类型划分的企业可再生能源采购协议

关键信息：过去三年，企业通过电力采购协议购买了约 10 吉瓦公用事业规模的可再生能源电力装机容量，信息和通信技术公司希望对冲价格波动、实现供应多样化及满足可持续发展目标。

注：包括美国基于公用事业绿色关税的项目；不同类型采购方所占比例根据合同约定的装机容量来计算。

资料来源：基于 BNEF（2017）；Platts（2017）；Rocky Mountain Institute（2017）等参考文献数据的计算结果

数字化需求响应可以为整个电网节约可观的成本，同时也可促进波动性可再生能源并网（参见第 4 章）。作为需求不断增加且具有高度灵活性的大

型电力用户，数据中心能够在需求响应中发挥越来越重要的作用（Wierman et al., 2014）。数据中心具有高度自动化，并处于监控中，与传统工业设施相比具备高得多的灵活性和响应性。例如，无需改变 IT 工作负载的处理方式，即可在 5 分钟内实现 5% 的负载离线（Ghatikar et al., 2012）。

互联设备的待机能耗是一个值得关注的问题，如智能电视和互联电器等设备需持续供电来保持连接。到 2025 年，每年低效的联网待机可能浪费约 740 太瓦时的电能，相当于法国和英国目前一年的用电量之和（IEA，2014）。预计到 2025 年，接电的物联网设备[①]（不包括电视机和计算机）的待机能耗将增加到 46 太瓦时，其中 36 太瓦时来自家庭自动化（4E TCP，2017）。

采用电池供电的互联设备已经具有较高能效，而新兴的"能量收集"技术则有助于进一步削减能耗，甚至可以使一些低功耗电子设备无电池运行[②]。能量收集是指利用环境要素（例如，太阳、风、运动和声音）收集或提取能量为设备供电的过程。

区块链和加密货币的新兴 IT 基础设施正在迅速演变，其对全球用电的影响尚不明朗。在早期的估算中，比特币矿机（新兴区块链 IT 基础设施的一个突出案例）消耗的电力可能不到全球用电量的 0.025%（Bevand，2017；Deetman，2016）。然而，随着区块链应用的增长，认识并管理其能耗影响对于能源分析和政策制定变得越来越重要。

信息和通信技术行业为提高能源效率所做的努力，以及政府鼓励最佳实践的政策引导将有助于在较长时期内继续抑制信息和通信技术用能的增长。例如，在数据网络领域，制定加速淘汰早期能源密集型网络的政策可能尤为重要。由于亚太地区和北美地区的数据需求增长最为强劲（Cisco，2017a），在这些地区继续致力于提高网络和数据中心效率将至关重要。

尽管如此，目前信息和通信技术效率的提升趋势能维持多久还存在很大的不确定性。Koomey，Matthews 和 Williams（2013）估计，按照目前的趋势继续下去，由于晶体管的物理效率限制，到 2040 年左右将达到处理器的效率上限[③]。而其他

[①] 也称为"电源连接"物联网设备，即非电池或自供电，需要接入电网来运行。

[②] 华盛顿大学的研究人员最近展示了一款无电池手机（Talla et al., 2017）。

[③] 1985 年，物理学家理查德·费曼预计，今后的计算机效率能够比当时提高 10^{11} 倍。1985~2009 年，效率提高了 4×10^4 倍，这意味着如果按照 Koomey 定律长期趋势继续发展，将在 2041 年达到费曼提出的上限（Koomey，Matthews and Williams，2013）。费曼基于三原子晶体管来计算其极限，但使用更小的晶体管[例如，2012 年展示的单原子晶体管（Fuechsle et al., 2012）]可以进一步提升这一上限。

专家估计,根据兰道尔原理(Demaine et al., 2016; Lääkkölä, 2015)①,到 2060 年将达到 Koomey 定律的理论极限。在达到这些理论极限之前,能效提升的速度也可能很快降低②。更复杂的是,尽管可能不会普及应用,但量子计算③等新兴计算技术可能会改变计算能耗的本质。

5.4 政策思考

设备制造商、网络和数据中心运营商的未来行动与承诺,对于进一步提高效率和减缓信息和通信技术整体能耗至关重要,政府政策也将继续发挥关键作用,包括需要开展以下工作:

1)制定鼓励应用更高效设备的法规、政策和计划,如最低能效标准、信息宣传和能效标签等④。这些工作应包括强调减少联网设备的待机功耗(例如,欧盟委员会法规 EU 801/2013)、改进电源管理和使用能量收集技术等。

2)制定鼓励更高效、可持续的设备制造政策和计划,如产品生态标签[如电子产品环境评估工具(EPEAT)],以及对节能工业过程和可再生能源的激励措施等。

3)出台数据中心高效运营的激励机制和指南。例如,参见 Huang 和 Masanet(2015)总结的最佳实践和如何估算激励计划的收益。

4)制定更高效的数据传输网络政策和计划,包括网络设备能效标准、改进的网络高效运营指标和激励措施,以及支持国际技术协议[例如,电气和电子工程师协会(IEEE)]和低能耗网络标准的制定。

5)建设更好的国家数据系统,用于收集信息和通信技术设备及其能源使用特性的数据⑤,为能源分析和政策制定提供信息。例如,美国能源信息署(US Energy Information Administration)收集了家庭和商业建筑中互联设备的数据[住宅能耗调查(RECS)和商业建筑能耗调查(CBECS)],并已开始收集数

---

① 兰道尔(Landauer)原理指擦除 1 比特的信息必须消耗的最少能量。

② 尽管由于处理器面临缩小晶体管尺寸的物理限制,峰值输出效率的提升速度已经放缓,但对芯片设计和电源管理的持续改进仍继续促进整体计算效率的提升(Koomey, 2015; Koomey and Naffziger, 2015, 2016)。

③ 传统计算机基于 0 和 1 比特位运算,而量子计算机使用量子位运算。量子位可以同时表达 0 和 1 (0 和 1 的相干叠加态),因而运算速度更快,能耗更低。

④ 例如,欧盟法规涵盖的互联设备范围较广,美国能源之星标签则鼓励低能耗互联。

⑤ 这一重要终端用电数据的缺乏严重阻碍了分析人员分析信息和通信技术能源消耗情况和提供合理政策建议。

据中心的服务器数据（CBECS）。

6）各国政府率先垂范，通过采购高效信息和通信技术并以最有效的方式运营其数据中心来加以引导。

7）与企业及行业就效率和二氧化碳排放目标达成自愿协议。例如，欧盟和美国已通过自愿协议来提高互联机顶盒的效率；Verizon 公司已经为其网络运营制定了公共效率目标，每年公布能效指标（千瓦时/吉字节）及进展。

8）采取其他自愿行动，如互联设备联盟（CDA）的节能互联设备自愿原则[①]。

解决互联设备能耗方面的政策挑战与以往其他重要的用电负荷（如冰箱、冰柜、空调和电视机等已上市数十年的设备）有本质不同。对于这些传统产品，政策制定者能够研究相对稳定的市场并实施明确的能效标准。相比之下，互联设备的市场和应用范围正以前所未有的速度演变，几乎每天都有复杂运行模式的新型设备接入使用。在这一新形势下，政策制定者需要创造性地利用现有的政策工具和手段。

还需要从整体战略视角出发制定政策框架，不仅要解决广泛数字化带来的直接能源影响问题，还要解决能源系统内部以及与其他系统的互联性问题[②]。为了使数字技术能够实现能源和环境效益，需要创造有利的市场条件来激励消费者使用智能电器和设备，以及建设相关基础设施。

参 考 文 献

4E TCP (2017). Energy Efficiency of the Internet of Things. www.iea-4e.org/document/384/energy-efficiency-of-the-internet-of-things-technology-and-energy-assessment-report.

Alchemy Research and Analytics (2015). Data Centres Market in India.

Andrae, A., and Edler, T. (2015). "On global electricity usage of communication technology: Trends to 2030". Challenges, 6(1), 117-157. http://doi.org/10.3390/challe6010117.

Aslan, J., et al. (2017). "Electricity intensity of Internet data transmission: Untangling the estimates". Journal of Industrial Ecology. http://doi.org/10.1111/jiec.12630.

---

① 互联设备联盟的节能互联设备自愿原则有两个重点：其一，设计原则为节能互联设备、网络和通信协议的关键特性提供指南，供设计者、制造商和协议作者使用；其二，政策原则鼓励制定全球通用的政府政策和措施框架（CDA，2016）。详见 https://cda.iea-4e.org/cda-principles。

② 详见全球电子可持续发展倡议组织（GeSI）近期的报告，如#SMARTer2030（Global e-Sustainability Initiative，2015）。

Bevand, M. (2017). "Electricity consumption of Bitcoin: a market-based and technical analysis". http://blog.zorinaq.com/bitcoin-electricity-consumption/ accessed 27 September 2017).

BNEF (2017). EMEA Corporate PPA Database.

Bohr, M. (2007). "A 30 year retrospective on Dennard's MOSFET scaling paper". IEEE Solid-State Circuits Newsletter, 12(1), 11-13. http://doi.org/10.1109/N-SSC.2007.4785534.

Cisco (2017a). Cisco Visual Networking Index: Forecast and Methodology, 2016-2021. https://www.cisco.com/c/en/us/solutions/collateral/service-provider/visual-networking-index-vni/complete-white-paper-c11-481360.html.

Cisco (2017b). Cisco Visual Networking Index: Global Mobile Data Traffic Forecast Update, 2016-2021. www.cisco.com/c/en/us/solutions/collateral/service-provider/visual-networking-index-vni/mobile-white-paper-c11-520862.pdf.

Cisco (2017c). The Zettabyte Era: Trends and Analysis June 2017. www.cisco.com/c/en/us/solutions/collateral/service-provider/visual-networking-index-vni/vni-hyperconnectivity-wp.pdf.

Cisco (2016a). Cisco Global Cloud Index: Forecast and Methodology, 2015-2020. www.cisco.com/en/US/solutions/collateral/ns341/ns525/ns537/ns705/ns1175/Cloud_Index_White_Paper.html#wp9000816.

Cisco (2016b). Cisco Global Cloud Index 2015-2020 - Cisco Knowledge Network Session. www.cisco.com/c/dam/m/en_us/service-provider/ciscoknowledgenetwork/files/622_11_15-16-Cisco_GCI_CKN_2015-2020_AMER_EMEAR_NOV2016.pdf.

Cisco (2016c). Cisco Global Cloud Index Q&A. www.cisco.com/c/dam/en/us/solutions/collateral/service-provider/global-cloud-index-gci/q-and-a-c67-738065.pdf.

Cisco (2016d). Cisco Global Cloud Index 2015-2020 - Cisco Knowledge Network Session.

Cisco (2016e). Cisco Visual Networking Index: Forecast and Methodology, 2015-2020.

Cisco (2016f). The Zettabyte Era: Trends and Analysis.

Cisco (2015a). Cisco Global Cloud Index: Forecast and Methodology, 2014-2019.

Cisco (2015b). Cisco Visual Networking Index: Forecast and Methodology, 2014-2019.

Cisco (2015c). The Zettabyte Era: Trends and Analysis.

Cisco (2014a). Cisco Global Cloud Index: Forecast and Methodology, 2013-2018.

Cisco (2014b). Cisco Visual Networking Index: Forecast and Methodology, 2013-2018.

Cisco (2014c). Cisco Visual Networking Index (VNI): Global and North America (NA) Mobile Data Traffic Forecast Update 2013-2018.

Cisco (2014d). The Zettabyte Era: Trends and Analysis.

Cisco (2013a). Cisco Global Cloud Index: Forecast and Methodology, 2012-2017.

Cisco (2013b). Cisco Visual Networking Index (VNI) Global Mobile Data Traffic Forecast Update. Mobile World Congress.

Cisco (2012a). Cisco Global Cloud Index: Forecast and Methodology, 2011-2016.

Cisco (2012b). Cisco Visual Networking Index: Forecast and Methodology, 2011-2016.

Cisco (2011a). Cisco Global Cloud Index: Forecast and Methodology, 2010-2015.

Cisco (2011b). Cisco Visual Networking Index: Forecast and Methodology, 2010-2015.

Confederation of Indian Industry (2013). Energy Efficiency in Indian Data Centers.

https://datacenters.lbl.gov/resources/energy-efficiency-indian-data-centers-present-trends-future-opportunities.

Confederation of Indian Industry, and LBNL (Laurence Berkeley National Laboratory) (2016a). Accelerating Energy Efficiency in Indian Data Centers: Final Report for Phase I Activities. https://datacenters.lbl.gov/sites/all/files/IndiaFinalPhase1Report_LBNL2016.pdf.

Confederation of Indian Industry, and LBNL. (2016b). Accelerating Energy Efficiency in Indian Data Centers: Report for Phase II Activities. https://datacenters.lbl.gov/sites/all/files/IndiaPhaseIIFinalReport_CIILBNL2016.pdf.

CDA (Connected Devices Alliance) (2016). "CDA Design & Policy Principles for Energy Efficient Connected Devices". https://cda.iea-4e.org/cda-principles.

Cook, G., Kong, A., and Bach, N. (2017). Clicking Clean: Who Is Winning the Race to Build a Green Internet? Greenpeace.

Corcoran, P., and Andrae, A. (2013). "Emerging trends in electricity consumption for consumer ICT. Electrical and Electronic Engineering (Reports), 1-56.

Coroama, V. C., et al. (2013). "The direct energy demand of internet data flows". Journal of Industrial Ecology, 17(5), 680-688. http://doi.org/10.1111/jiec.12048.

DeepMind (2016). "DeepMind AI reduces Google data centre cooling bill by 40%. https://deepmind.com/blog/deepmind-ai-reduces-google-data-centre-cooling-bill-40/.

Deetman, S. (2016). "Bitcoin could consume as much electricity as Denmark by 2020. https://motherboard.vice.com/en_us/article/aek3za/bitcoin-could-consume-as-much-electricity-as-denmark-by-2020 (accessed 27 September 2017).

Demaine, E. D., et al. (2016). "Energy-efficient algorithms". In Proceedings of the 2016 ACM Conference on Innovations in Theoretical Computer Science. http://doi.org/http://dx.doi.org/10.1145/2840728.2840756.

Ericsson (2015). "Decoupling Energy from Traffic Growth". In Ericsson Mobility Report November 2015. https://www.ericsson.com/assets/local/news/2016/03/ericsson-mobility-report-nov-2015.pdf.

Fehske, A., et al. (2011). "The global footprint of mobile communications: The ecological and economic perspective". IEEE Communications Magazine, 49(8), 55-62. http://doi.org/10.1109/MCOM.2011.5978416.

Fuechsle, M., et al. (2012). "A single-atom transistor". Nature Nanotechnology, 7(4), 242-246. http://doi.org/10.1038/nnano.2012.21.

Gartner (2017). "Gartner says 8.4 billion connected 'things' will be in use in 2017, up 31 percent from 2016". www.gartner.com/newsroom/id/3598917 (accessed 12 July 2017).

Ghatikar, G., et al. (2012). Demand Response Opportunities and Enabling Technologies for Data Centers: Findings from Field Studies. Lawrence Berkeley National Laboratory.

Global e-Sustainability Initiative (2015). #SMARTer2030-ICT Solutions for 21st Century Challenges. http://smarter2030.gesi.org.

GSMA (2017a). "New report outlines security considerations for LPWA technology". www.gsma.com/iot/news/new-report-outlines-security-considerations-lpwa-technology/ (accessed 9 September

2017).

GSMA (2017b). The Mobile Economy: 2017. www.gsmaintelligence.com/research/?file=9e927fd6896724e7b26f33f61db5b9d5&download.

GSMA (2012). "Mobile's Green Manifesto 2012". https://www.gsma.com/publicpolicy/mobilesgreenmanifesto.

Hischier, R., et al.(2014)."Grey energy and environmental impacts of ICT hardware". In L. M. Hilty and B. Aebischer (eds.), ICT Innovations for Sustainability. Advances in Intelligent Systems and Computing (Vol. 310). http://doi.org/10.1007/978-3-319-09228-7.

Huang, R., and Masanet, E. (2015). "Data Center IT Efficiency Measures". In the Uniform Methods Project: Methods for Determining Energy Efficiency Savings for Specific Measures. National Renewable Energy Laboratory.

IDC (2017). "India x86 server market declined by 16.8 percent in Q4 2016; but government remains growth enabler: IDC India". www.idc.com/getdoc.jsp?containerId=prAP42433017 (accessed 24 July 2017).

IDC (2016). "India x86 server market declines by 16.9 percent in Q2 2016: IDC India". www.idc.com/getdoc.jsp?containerId=prAP41864916 (accessed July 24 2017).

IEA (International Energy Agency) (2014). More Data, Less Energy: Making Network Standby More Efficient in Billions of Connected Devices. OECD/IEA, Paris.

Koomey, J. (2011). Growth in data center electricity use 2005 to 2010. Analytics Press.

Koomey, J. (2015). "A primer on the energy efficiency of computing". In R. H. J. Knapp, B. G. Levi, and D. M. Kammen (eds.), Physics of Sustainable Energy III: Using Energy Efficiently and Producing It Renewably, 1652, 82-89. Melville, NY: American Institute of Physics. http://doi.org/10.1063/1.4916171.

Koomey, J., et al. (2011). "Implications of historical trends in the electrical efficiency of computing". IEEE Annals of the History of Computing, 33(3), 46-54. http://doi.org/10.1109/MAHC.2010.28.

Koomey, J., Matthews, H. S., and Williams, E. (2013). "Smart everything: Will intelligent systems reduce resource use?". Annual Review of Environment and Resources, 38(1), 311-343. http://doi.org/10.1146/annurev-environ-021512-110549.

Koomey, J., and Naffziger, S. (2016). "Energy efficiency of computing: what's next?". Electronic Design, 28. http://electronicdesign.com/microprocessors/energy-efficiency-computing-what-s-next.

Koomey, J., and Naffziger, S. (2015). Moore's Law Might Be Slowing Down, But Not Energy Efficiency - IEEE Spectrum. https://spectrum.ieee.org/computing/hardware/moores-law-might-be-slowing-down-but-not-energy-efficiency (accessed 1 September 2017).

Lääkkölä, R. (2015). Data Center Degrowth – an Experimental Study. Aalto University.

MAIT (2016). Energy Efficiency in Public Procurement of IT Hardware. www.mait.com/assets/energy-efficiency-in-it-procurement_report_final__cc__fnl-for-print.pdf.

Malmodin, J. (2017). Personal communication, 21 June 2017.

Malmodin, J., and Lundén, D. (2016). "The energy and carbon footprint of the ICT and E&M sector in Sweden 1990-2015 and beyond". 4th International Conference on ICT for Sustainability, (Ict4s), 209-218. www.ericsson.com/assets/local/hidden-pages/our-publications/

conference-papers/paper25_ict4s16.pdf.

Malmodin, J., Bergmark, P., and Lundén, D. (2013). "The future carbon footprint of the ICT and E&M sectors". International Conference on Information and Communication Technologies for Sustainability, 12-20. http://doi.org/10.3929/ethz-a-007337628.

Malmodin, J., et al. (2014). "Life cycle assessment of ICT: Carbon footprint and operational electricity use from the operator, national, and subscriber perspective in Sweden". Journal of Industrial Ecology, 18(6), 829-845. http://doi.org/10.1111/jiec.12145.

Malmodin, J., et al. (2010). "Greenhouse gas emissions and operational electricity use in the ICT and entertainment and Media sectors". Journal of Industrial Ecology, 14(5), 770-790. http://doi.org/10.1111/j.1530-9290.2010.00278.x.

Miller, J., et al. (2015). Renewable Electricity Use by the U.S. Information and Communication Technology (ICT) Industry. NREL/TP-6A20-64011.

Platts (2017). World Electric Power Plants Database. https://www.platts.com/products/world-electric-power-plants-database.

Rocky Mountain Institute (2017). "Business Renewables Center". https://www.rmi.org/our-work/electricity/brc-business-renewables-center/.

Schien, D., et al. (2015). "The energy intensity of the internet: Edge and core networks". In H. L. and A. B. (eds.), ICT Innovations for Sustainability. Advances in Intelligent Systems and Computing 310, 157-170. Springer, Cham. http://doi.org/10.1007/978-3-319-09228-7_9.

Schien, D., and Preist, C. (2014). "Approaches to energy intensity of the internet". IEEE Communications Magazine, 52(11), 130-137. http://doi.org/10.1109/MCOM.2014.6957153.

Shehabi, A., et al. (2016). United States Data Center Energy Usage Report. Berkeley, CA. https://eta.lbl.gov/publications/united-states-data-center-energy.

Stobbe, L., et al. (2015). Development of ICT-related electricity demand in Germany. www.bmwi.de/Redaktion/EN/Pressemitteilungen/2015/20151210-gabriel-studie-strombedarf-ikt.html.

Talla, V., et al. (2017). "Battery-free cellphone". Proceedings of the ACM on Interactive, Mobile, Wearable and Ubiquitous Technologies, 1(2), 1-20. http://doi.org/10.1145/3090090.

Urban, B., et al. (2014). Energy Consumption of Consumer Electronics in U.S. Homes in 2013. Fraunhofer USA Center for Sustainable Energy Systems, (June), 1-158. www.ce.org/CorporateSite/media/environment/Energy-Consumption-of-Consumer-Electronics.pdf.

Van Heddeghem, W., et al. (2014). "Trends in worldwide ICT electricity consumption from 2007 to 2012". Computer Communications, 50, 64-76. http://doi.org/10.1016/j.comcom.2014.02.008.

Verizon. (2012). 2012 Corporate Responsibility Supplement. https://www.verizon.com/about/sites/default/files/2012-verizon-corporate-responsibility-supplement.pdf.

Wierman, A., et al. (2014). "Opportunities and challenges for data center demand response". International Green Computing Conference, 1-10. http://doi.org/10.1109/IGCC.2014.7039172.

World Resources Institute (2017). Corporate Renewable Energy Buyers' Principles: Increasing Access to Renewable Energy. http://www.wri.org/sites/default/files/Corporate_RE_buyers_guide-JAN2017.pdf.

第 6 章

跨领域风险：网络安全、隐私和经济波动

本章要点

- 数字化发展会带来三个主要的跨领域风险：网络安全、隐私和经济波动。这些风险虽然不是能源领域独有的，但仍需要对其进行评估和控制。

- 数字化发展也会使能源系统面临更严峻的网络安全风险，如地磁风暴和网络攻击等。政府和企业需要共同努力，以管控日趋复杂的网络安全威胁。完全防止网络攻击是不可能的，但如果各国政府和企业做好充分准备，是能够将风险控制在有限范围内的。因此，需要在技术研发、政策和市场框架制定过程中融入数字弹性方案。

- 随着越来越多的详细数据被收集，隐私和数据所有权成为一个热门话题，特别是智能电表会收集有关家庭能源使用的信息。政策制定者需要平衡好隐私问题与其他目标的关系，这些目标包括促进市场创新、公用事业单位的运营需求、电力数字化转型的广泛潜力等。

- 数字化发展正在导致能源行业和更广泛经济体发生重大颠覆性变化，对就业和工作技能要求产生了影响。它正在改变工作模式和任务，造成某些领域工作岗位流失，但又在其他领域创造新的工作岗位。数字化对能源行业不同子行业的影响存在差异性，能源领域的政策制定者应充分参与政府范围内关于数字化事务的相关决策工作。

数字化发展带来了众多新挑战，这些挑战并非能源行业所独有，但仍需进行评估和管理。本章将着重探讨三个最重要的挑战：网络安全、隐私和经济波动。能源政策制定者需要与其他政府部门的人员合作，共同探究数字化对能源行业运营和业务的影响，制定完善的政策。

6.1 数字安全

6.1.1 能源安全面临的网络风险

数字化带来了诸多益处，但它也增加了能源行业所面临的网络安全风险，这些风险有些来自地磁风暴等自然灾害，还有些来自意外的网络事件或者有意的网络攻击（参见专栏6.1）。例如，1989年，一场严重的地磁风暴导致加拿大魁北克省的输电网中断了9小时。2015年12月，黑客非法侵入了乌克兰一家地区配电公司的计算机和控制系统，并设法断开变电站的连接，导致22.5万户用户断电。随后，黑客在2016年12月发动了第二次攻击，该攻击似乎使用了专门用于接管电网断路器控制权的恶意软件（ESET，2017）。一般的网络攻击，如2017年5月和6月发生的全球"WannaCry"和"NotPetya"勒索病毒软件事件，也通过破坏IT业务系统对能源行业产生了影响。

专栏6.1

恶意软件、勒索软件、网络钓鱼软件和僵尸网络

1）恶意软件是专门用于扰乱、破坏或未经授权访问信息和通信技术系统的软件（例如，病毒、蠕虫、木马或僵尸网络等）。

2）勒索软件是一种加密用户数据的恶意软件，要求受害者支付赎金以获得解密密钥。

3）网络钓鱼/捕鲸通过伪装成值得信赖的通信电子邮件（或其他电子通信方式）试图获取如用户名和密码等敏感信息，但当用户打开或点击链接时，就会允许发送者获得访问权。

4）僵尸网络（机器人网络的简称）是通过互联网运行的自动程序。一些僵尸网络会自动运行，而其他僵尸网络只在收到特定输入指令时才执行命令。并非所有的僵尸网络都是恶意的。

与风暴和机械设备故障导致的电力中断,以及地缘政治引起的石油和天然气供应中断相比,目前报道的网络攻击事件造成的能源供应中断影响相对较小(表 6.1)。然而,敌对者越来越容易组织起网络攻击活动,无论是从事破坏行动、控制能源系统、工业间谍,还是索取赎金,且网络攻击的成本越来越低,从事网络攻击的人员范围也从业余爱好者到专业黑客,甚至国家力量(HMG,2016a)。

表 6.1 有关网络攻击影响能源基础设施的开源信息

事件	详情描述(来自公开信息)
Shamoon 1 和 Shamoon 2 病毒(沙特阿拉伯,2012 年和 2016 年)	Shamoon 1 病毒实施了网络破坏,摧毁了沙特阿美公司(Saudi Aramco)超过 3 万多台计算机。这次事件对石油生产没有造成直接影响,但迫使该公司在数周时间内退化到采用传统纸张和电话交易方式。卡塔尔天然气公司 RasGas 也受到影响。该病毒被设定在工作时间以外发挥作用以避免被提前发现。Shamoon 2 病毒针对类似的漏洞,用于重写部分计算机硬盘
乌克兰西部电网攻击(2015 年)	这是首次确认的专门针对电网的网络攻击。攻击者综合利用恶意软件、电子邮件网络钓鱼获得人员凭证,以及拒绝服务(DoS)攻击等手段,攻击侵入了变电站的监控与数据采集(SCADA)系统和固件,以阻止客户获得有关停电的呼叫中心信息。调查人员得出结论,一支组织有序的大型团队为这次攻击准备了几个月的时间
Mirai 僵尸网络(2016 年)	Mirai 恶意软件搜索低安全性的互联智能设备(如摄像头),使用僵尸网络(一种由攻击者同时命令通过不断发送数据使受害者超载的设备网络)发动迄今最大规模的拒绝服务攻击。这次攻击没有针对或影响能源基础设施,但却暴露了物联网的脆弱性
Industroyer/Crash Override(乌克兰,2016 年 12 月至 2017 年 5 月报道)	这是针对乌克兰电力系统的第二次短暂但重大的攻击,被认为是恶意软件 Industroyer(也称为 Crash Override)的试运行。这种多功能恶意软件使攻击者能够查看、阻止、控制或破坏电网控制设备,如断路器。它的设计包括了几种标准化工业通信协议的专业知识,这些协议广泛用于控制遍及欧洲、亚洲和中东的基础设施,不只包括电网。这是网络入侵关键基础设施控制系统的一个典型案例
核电站网络钓鱼攻击(2017 年)	该事件发生在美国,它使用了有针对性的电子邮件信息,包含工程岗位的虚假简历文档,可能会获取收件人的控制工程网络凭据。黑客还入侵了受害者经常光顾的合法的外部网站(被称为水坑攻击)
WannaCry 病毒(2017 年)	WannaCry 勒索软件利用某些用户无法安装微软操作系统安全更新(或补丁)的一个接入点,攻击了大约 150 个国家数千家组织中的数十万台计算机。这些攻击并非针对能源基础设施,但有一些能源公司报告了相关问题。在中国,中国石油天然气集团有限公司(CNPC)有超过 2 万个加油站被迫断网

一些网络攻击专门针对运营技术(OT):计算机、软件,以及用于控制、监控、管理和保护能源输运系统的网络等。其他攻击可能仅针对不控制能源输运物理过程的能源企业 IT 业务系统,但会导致管理中断(如 Shamoon 病毒的例子)。包含多个信息和通信技术和运营技术层的"元系统"复杂性不断增加,与之相关的意外网络事件的发生也越来越频繁,如一种设备的更新会导致其他

设备发生故障。

物联网的发展和数字技术的变化正在扩大能源系统中潜在的"网络攻击界面"。物联网的扩张加上能源技术的多样化和分散化，将使数百万新的小规模产消合一者和数十亿设备连入电力系统。行业预测，到2020年互联的物联网设备总数可能将翻一番，超过200亿台（Gartner，2017）[①]。如果在网络边缘有一个可疑设备，这可能将成为整个系统的一个易受攻击点。欧洲议会最近的一项研究得出结论："智慧能源的发展也会导致遍及能源网络和消费者场所的联网智能设备呈指数级增长。结果是，大规模扩张的'攻击界面'目前形成了能源生态系统的运行基础。能源系统也从根本上与其他所有关键基础设施网络互联，因此针对能源行业的网络安全威胁将会影响到现代社会的方方面面"（European Parliament，2016；还可参见Global Smart Grid Federation，2016）。

用于集中式能源系统中的数字技术也在发生变化。早期数字化通常依赖于专有或特定供应商的IT和运营技术。电力变电站通常可能使用几代设备，且随着时间的推移逐步引入并组装起来。这种较旧的基础结构通常比嵌入式安全标准更早，但可以从"深奥知识的安全性"中获益，因为黑客对其进行攻击需要了解这些深奥知识。如今，随着系统组件之间的互联性增加、自动化程度越来越高、向云计算的转变，以及通过复杂的开放协议行业标准取代能源专属的IT标准，新系统具有更高的安全性，但攻击者无须了解这些深奥知识，并且也无须具备相应的专业能源系统知识水平，即可实施攻击[②]。

网络攻击技术能够以人员、产品（数据和物理基础设施）和过程（系统数据流）为目标。这意味着对保护供应链和采购环节信息的完整性和机密性，以及识别可信来源和授权用户的需求更加强烈。与此同时，互联网的全球范围和跨国能源企业的地理分布意味着在一个地方的攻击可以立即向全球蔓延。因此，风险分析需要涵盖产品、人员和过程。

考虑到所有这些因素，一些战略风险评估专家预见到了一些低概率、高风险攻击的可能场景，这些攻击可能会导致一个主要经济区域的电网瘫痪数天或者数周（Lloyd's，2015；Cambridge Centre for Risk Studies，2016；National Academies of Sciences，Engineering，and Medicine，2017；Madnick，2017）。

[①] 机器到机器互联，包括能源领域的应用，如智能仪表和电厂的过程传感器，将成为增长最快的类别，每年增长20%左右（Cisco，2017）（参见第5章）。

[②] 保持"老派"（手动）密钥控制的基础设施作为远程数字管理的备份是有利的。例如，在2015年12月乌克兰发生的事故中，运营商很快就能手动切换断路器阻止网络攻击。其他国家的许多电网现在都是完全自动化的，可能难以抵挡类似的攻击。

能源专业人士和监管当局还预见了一种未来场景：每天有许多来自僵尸网络的小规模滋扰袭击（每天数千次）。

虽然网络攻击能够影响全球经济的多个方面，但能源系统受到的攻击可能特别具有破坏性。与大多数 IT 系统不同，电力运营技术系统必须实时运行，不能像响应典型的数字故障或漏洞那样，简单地安装补丁或更新，或关机和重新启动，因此需要实施特殊的安全考虑和预防措施。

6.1.2 增强网络弹性

完全防止网络攻击是不可能的，但如果国家政府和企业准备充分，增强内建网络弹性，可以降低网络攻击的影响。这对于那些对经济运行具有重要作用的关键基础设施尤为重要，如大规模能源系统。例如，墨西哥有大约 3000 个"战略设施"，其中一半由国家石油公司 PEMEX 拥有，另外 13%由联邦电力委员会（Government of Mexico，2014）所有。德国任何一个服务超过 50 万人的基础设施都被认为是至关重要的，这包括所有燃气发电厂和输电网。

建立能源全系统的数字弹性关键在于所有参与者和利益相关方首先要意识到风险。任何一次攻击的成功不仅取决于攻击者的能力，还取决于目标的脆弱性及其应对的准备情况。例如，最近的一项研究发现，现在很少有石油和天然气公司认为网络破坏是一个主要风险。有些企业将网络风险与劳资纠纷等其他风险分类在一起；还有些企业在其战略中没有提到网络风险。该研究还显示，去年有 3/4 的石油和天然气公司至少遭受过一次网络攻击。此外，旧的上游设备在设计制造时并没有考虑安全问题且缺乏监管工具，只有 14%的企业拥有全面运营的网络安全监控中心（Mittal，Slaughter and Zonneveld，2017）。

数字化能源安全工作应围绕以下三个关键领域开展：

1）弹性，即国家、系统或机构适应变化环境、抵御冲击、快速恢复或适应理想的稳定性水平的能力，同时保持关键基础设施正常运营（Larkin et al.，2015）。

2）"网络卫生"（cyber hygiene），即所有信息和通信技术用户应承担的基本预防和监控措施。首先和最重要的是建立安全意识，其他关键要素包括：设备和网络的安全配置；使软件保持最新；避免给员工和用户授予不必要的系统权限或数据访问权限；培训建立整个组织的网络安全文化意识。例如，工作人员可能需要接受培训，安全使用个人电脑和移动设备。

3）内嵌安全性设计，即融合安全目标和标准作为研究与设计过程的核心部分；安全性不应该是在产品制成或提供给用户后才增加的附加组件。内嵌安全性设计是降低总体风险的有效方法。

技术和系统架构的选择是影响弹性的重要因素。网络安全和弹性需要成为能源研究、开发和部署的核心部分。例如，美国国家可再生能源实验室开发了一种模拟典型配电公共设施电力和通信网络的网络安全测试平台。它包含了九层安全体系架构，在不同参与者（最终用户和/或系统）之间有实时交易。

微电网具备孤立运行的特性，可临时与电网其他部分隔离。区块链技术是网络问题的一部分，因为加密货币可作为支付勒索软件赎金的方式。但区块链也可以是处于电网边缘的网络安全解决方案，如可用于验证设备是否运行最新固件并且未被篡改（参见第 4 章）。美国西北太平洋国家实验室（Pacific Northwest National Laboratory）正在开发区块链解决方案，以加强在微电网和建筑并网连接中可交易能源系统的网络安全,可验证设备是否运行最新的固件，以及证实其未被篡改[①]。那些仍在建设其能源系统的国家的优势在于，能够将高安全性和可快速隔离的网络同时设计到新的基础设施中。

建立明确和可接受的定义也至关重要，对于"威胁"和"风险"等分析概念（Marchese and Linkov，2017），以及"安全隔离网闸"（air-gapping，将信息和通信技术设备与其他设备/网络物理隔离）等技术规范都是如此。例如，网络安全专家强调，IT 和运营技术人员通常有不同的安全优先级。在 IT 中，系统的机密性、完整性和可用性是优先事项。而在运营技术中，安全性最优先，其次是可用性。两者对安全优先等级的不同认知会造成概念定义产生混乱。

在制定技术规范方面，国际电工委员会（IEC）起着重要作用。国际电工委员会为设备与业务流程制定全球标准和一致性评估，目前正致力于将网络安全纳入其中。目前，它已经确定了 40 个不同标准制定组织中有 650 项电工技术标准适用于网络安全。该机构 2018 年将制定一套网络安全标准。

另外，还需要明确市场参与者（包括营利性能源系统运营商）和管理机构（包括政府机构和监管机构）在安全性防范与应对方面的责任分工。一家企业或本地运营商可能能够应对僵尸网络或业余青少年黑客的攻击，但无法应对重大网络系统攻击（图 6.1）。

---

① 美国还有其他一些国家实验室正在开展能源输运系统网络安全的研究工作，参见 www.energy.gov/oe/activities/cybersecurity-critical-energy-infrastructure。

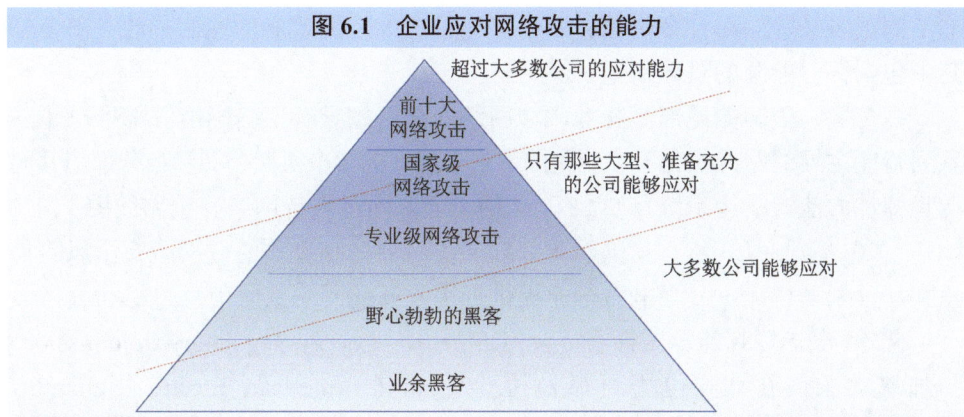

图 6.1 企业应对网络攻击的能力

关键信息：有一些攻击是在企业自身能力范围内能够应对的，但由经验丰富的网络黑客发起的大规模攻击可能需要政府采取更积极的应对措施。

资料来源：瑞士电网公司 2017 年 3 月 24 日在佛罗伦萨管理学院能源行业网络安全研讨会上所做的介绍（由国际能源署改编）

由于网络安全风险的不确定性，很难证明在员工或网络保险政策上的巨额支出是合理的。因此，制定监管政策有助于确保必要的投资，如在电网费率基准中增加网络安全标准。

与此同时，企业认为仅靠遵守监管标准并不能保证基础设施的安全。一般而言，监管标准难以跟上技术的快速变革和新漏洞的出现速度。

因此，政府和能源企业既要积极主动应对，又要具备适应能力。在某些情况下，当能源企业合作时可能会找到创新的解决方案。在一次实验中，奥地利能源市场参与者决定成立一个网络安全联合小组，旨在节省成本、汇集专业知识，并提高对网络攻击和风险的早期预见性（参见 Carr，2016）[①]。更多的欧洲企业组建了欧洲网络安全联盟，以便在培训方面开展合作[②]。这样的例子表明，除了向监管机构报告以外，企业可能会在增强它们之间的信息共享方面获益良多。另外，加强与大学和其他行业专家的磋商也很有价值[③]。

6.1.3 最佳实践和政策

通过考察各国政府目前在应对网络威胁方面如何建立框架并组织工作，可

---

① https://cert.at/reports/report_2016_chap05/content.html。

② www.encs.eu。

③ 例如，卡内基梅隆大学软件工程学院的 CERT 分部（www.cert.org/about/）和华威大学网络安全中心（https://www2.warwick.ac.uk/fac/sci/wmg/research/csc/）。

以学到很多经验。在许多国家，网络安全是更大范围政府治理框架的一部分，其中包括针对能源的具体措施。

在美国，美国能源部是能源领域网络安全的领导者。美国能源部推动了一系列行业主导的路线图的开发，以提供一个战略框架来协调公共和私营部门共同构建弹性的能源输运系统，如 2011 年的《能源输运系统网络安全路线图》（US DOE，2011）。2013 年，美国能源部启动了一项公私合作的"网络安全风险信息共享计划"（CRISP），为电力行业提供近乎实时的网络威胁信息追踪和分析[1]。

此外，美国联邦能源监管委员会（US Federal Energy Regulatory Commission）与加拿大共同在北美电力可靠性协会（North American Electric Reliability Corporation，NERC）框架下制定和维护关键基础设施保护标准[2]。NERC 还建立了电力信息共享和分析中心（Electricity Information Sharing and Analysis Center），这是一个分享电力行业内网络安全威胁信息的安全论坛。例如，北美电力可靠性协会在 2016 年 2 月根据 2015 年 12 月乌克兰的网络攻击调查结果发布了警报和建议。

在欧洲，2016 年网络信息安全指令（Network Information Security Directive）[3] 要求欧盟成员国制定国家网络安全战略[4]。网络信息安全指令创建了一个合作小组和一个计算机应急响应小组，并为基本服务运营商和数字服务供应商建立了安全与通报要求。在欧盟层面，欧盟委员会于 2017 年 9 月公布了加强网络弹性战略的提案[5]，而智能电网工作组（Smart Grids Task Force）正在开展电网安全规范的具体制定工作[6]。

欧盟网络安全战略也与更广泛的关键基础设施保护计划密切相关[7]。在此框架下，德国联邦网络监管机构德国联邦网络局（Bundesnetzagentur）于 2015 年 8 月发布了 IT 安全最低标准目录[8]。英国的"网络要素机制"（Cyber Essentials

---

[1] https://energy.gov/oe/energy-sector-cybersecurity-preparedness-0。

[2] www.nerc.com/pa/CI/Comp/Pages/default.aspx。

[3] 2016 年 7 月 6 日，欧洲议会和欧洲理事会关于在欧盟范围内实现高水平网络和信息系统安全措施的指令 2016/1148，http://eur-lex.europa.eu/legalcontent/EN/TXT/PDF/?uri=CELEX:32016L1148&from=EN。

[4] 在撰写本书时，除两个国家外，其他欧盟成员国都已经完成了网络安全战略的起草工作。26 个战略中有 15 个没有专门提到能源行业。

[5] https://ec.europa.eu/digital-single-market/en/policies/cybersecurity。

[6] https://ec.europa.eu/energy/en/topics/markets-and-consumers/smart-grids-and-meters/smart-grids-task-force。

[7] https://ec.europa.eu/home-affairs/sites/homeaffairs/files/what-we-do/policies/crisis-and-terrorism/criticalinfrastructure/docs/swd_2013_318_on_epcip_en.pdf。

[8] 能源供应商必须指定一名在监管机构注册的 IT 安保人员，并有责任引进及认证一套信息安全管理系统（ISMS），www.ids.de/en/news/article/newsletter-dezember-2015.html。

Scheme)也扮演着类似的角色,尽管其授权范围比能源行业更大(HMG,2016b)。在法国,国家信息系统安全局(ANSSI)为"最为重要的运营商"制定网络安全标准和法规并监督其实施。国家信息系统安全局还收集并提供了有关事件和网络攻击的信息。

日本于 2014 年通过了网络安全框架法案,法案要求政府明确关键基础设施运营商的责任,并加强日本事件准备与网络安全战略中心的作用[①]。2015 年实施的更新版网络安全战略强调了需要"建立一个政策平台,达成对整个物联网系统及其各个组成部分所需安全措施的共识"(Government of Japan,2015)。

2017 年 3 月成立的日本电力信息共享与分析中心(ISAC),旨在共享和分析电力行业的网络风险信息和能力建设。日本还特别呼吁加强电力信息共享与分析中心各小组的国际合作,制定有关网络空间和其他国家能力建设的国际准则与规范[②]。

许多国家还组织大规模演习来测试网络应急响应系统,为识别系统脆弱性和加强公私合作提供了一个重要机遇。国家和地区防范网络攻击演习的主要案例包括:

1)北美电力可靠性协会组织了两年一次的电网演习 GridEx,模拟网络和物理攻击。2015 年的演习北美地区有 300 多个组织参与,包括工业界、执法部门和政府机构等(NERC,2016)。

2)2010 年以来,欧盟网络和信息安全局(EU Agency for Network and Information Security)协调开展了多次重大的网络安全演习。2014 年的演习包括一个能源基础设施场景,在这个场景中假定几个运营商在严冬受到网络攻击的严重影响。该演习有 28 个欧盟成员国的 200 多个组织(27 个来自能源行业)参与,其目标之一是为单个成员国提供机遇评估其内部应急计划,并探索应对大规模网络事件的公共事务。2016 年的演习重点关注物联网、无人机、云计算和勒索软件等(ENISA,2017)。

3)在其他国家或地区也举行了各种演习。例如,北欧国家在 2015 年组织了一次协调应对区域电力系统中断的演习[③]。

国际组织开展的工作也可以在帮助政府、企业和其他组织建立数字弹性方面发挥关键作用。一系列国际组织都以各种形式参与其中,包括七国集团(G7)、

---

① 《日本网络安全基本法》2014 年第 104 号,www.shugiin.go.jp/internet/itdb_gian.nsf/html/gian/honbun/houan/g18601035.htm。

② 日本网络安全信息共享合作伙伴关系倡议(J-CSIP)促进了包括电力、石油和天然气行业在内的七个优先特殊利益集团的信息共享。

③ 2015 年 9 月 9~10 日在冰岛雷克雅未克召开了 NordBER 会议,主题是"能源短缺:北欧电力系统潜在干扰的协调处理"。

国际能源署（参见专栏 6.2）、经济合作与发展组织（OECD）、北大西洋公约组织（NATO，简称北约）等。例如，OECD 数字经济委员会、数字经济中的安全和隐私政策工作组（Policy Working Party on Security and Privacy）提出了保护关键信息基础设施的建议（OECD，2008；目前正在更新）。

专栏 6.2

国际能源署开展的数字弹性相关工作

对于国际能源署成员国和企业合作伙伴而言，提升数字弹性是一个日益严峻的挑战。识别数字风险和合适的弹性措施是制定技术政策与设计能源市场各种监管框架的核心。政府和能源系统运营商需要积极主动的合作，共同应对日益复杂的数字网络风险和威胁。

作为全球首屈一指的能源安全组织，国际能源署时刻准备向其成员国提供帮助以加强它们的数字弹性。国际能源署的分析和多方协作工作适用于数字弹性的某些方面。其中包括：增强意识；编制网络就绪的公用事业单位商业案例；将数字弹性纳入各种政府与企业计划和战略的主流；制定和分享最佳实践与政策等。在数字安全的操作层面，如威胁评估和监测、网络事件管理和响应等是国家安全的敏感问题，超出了国际能源署分析的范围。

国际能源署在能源安全方面的工作提高了各国对数字化风险的意识，使其能够重视构建数字弹性方案的短期、中期和长期规划。国际能源署对成员国进行应急响应评估，检验成员国是否有强有力的国家治理体系，能够进行内部协调和共享应对各种风险的弹性信息。在未来，这些评估还将包括数字弹性的管理工作。

国际能源署还定期组织应急响应演习，以测试国际能源署及其成员国应对石油、天然气和电力中断的准备情况。这些演习让参与者获取了国际能源署秘书处对各种中断情景评估的分析结果，其中可能包括网络攻击对能源市场可能造成的高层次影响。

在后续工作中，国际能源署将详细总结其成员国数字弹性政策与实践，并制定可在评估和演习中应用的最佳政策建议。

确保每个国际组织发挥自身的优势，与其他机构的工作形成互补，以及建立开放的沟通渠道（视情况而定）至关重要。例如，2016 年 7 月，北约华沙峰会强调"需要加强对能源安全的战略意识，包括通过分享情报和扩大与国际能源署等其他国际组织的联系"（NATO，2016）。

6.2 数据隐私和所有权

与在其他经济领域的应用情况类似，数字技术在能源行业日益广泛的应用也引发了对数据隐私和所有权问题的担忧。智能电网和需求响应技术依赖于大量消费者实时用电量数据。在公用事业单位或集成商对用户侧的智能家电进行主动管理时，将利用包括个人能源使用事件的记录，如淋浴热水或启动冰箱等，让任何有权访问这些数据的人都能够了解到家庭个人的日常生活和活动情况（图 6.2）。

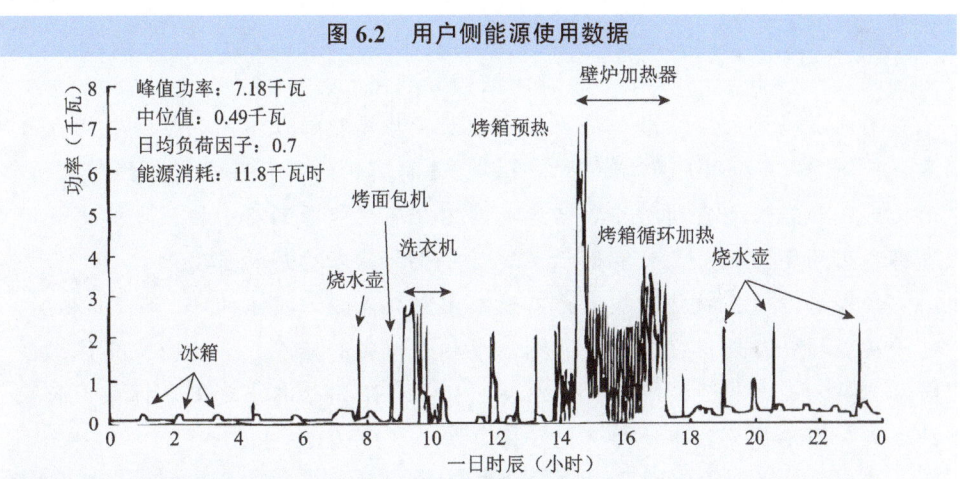

图 6.2　用户侧能源使用数据

关键信息：部分能源消费者担心详细的用户侧数据可能会泄露个人的日常生活。
注：数据来自用户侧电表。
资料来源：Newborough 和 Augood（1999）

人们愿意与服务商共享多少信息、如何保护好个人数据安全、谁拥有这些消费者数据（是产生数据的客户/产消合一者，还是收集数据的服务供应商）、谁可以使用或共享数据、出于什么目的等，这些都是关键问题。许多家庭消费者希望保护自己的能源消耗数据隐私，因为他们担心能源消耗数据可能与其他个人信息（如健康记录）相关联，一旦泄露一条信息其他的个人隐私信息也会随着曝光。这些数据可用于商业数据挖掘，从而可能使消费者受到针对性营销的打扰。这种详细的用户侧能源数据也可以用来发现何时建筑物处于无人状态，从而被用来进行犯罪活动（National Geographic News，2012）。

对于工业和商业消费者来说，跟踪能源使用的需求响应基础设施可能会泄露其具有专利权的商业实践和活动信息。数据泄露可能会影响消费者使用新服务的意愿，而收集能源数据的运营商（例如，公用事业单位和能源管理服务供应商）必须防范这种情况。

与此同时，消费者和企业有时也希望与第三方分享他们的能源数据，如能效服务市场。公用事业单位看到了将能源使用数据集变现的机会，能够创造新的收入来源。纽约公用事业单位提出，监管机构可以允许收取费用以使本地分布式能源供应商获得细粒度的"增值"数据（如集成的消费者使用信息）[①]。

建立互操作性是使设备与器件在数字化能源和交通系统中进行通信并做出决策的关键步骤（参见专栏 6.3）。

 专栏 6.3

互操作性和标准化

不同数据格式、技术和应用程序的互操作性能够让不同的系统之间以可靠、安全、保密和用户友好的方式交互。这种流畅的界面可能需要物理元素、语义元素和组织元素的对齐。智能电网中分布式能源的路由协议是标准制定发挥作用的案例之一，可有助于实现数字化和需求响应的自动化。

技术标准的互操作性缺失是有效应用新兴互操作技术的一大障碍。相反，过于狭隘的一刀切标准、累赘的标准或相互冲突的标准，可能会减缓技术创新和部署。最理想的情况是，标准化应建立在不同参与者之间发挥合力的基础之上，而不是导致市场碎片化和重复工作（OECD，2017）[*]。

数字行业最主要的特点就是技术的快速发展，通常是在论坛和联盟（例如，工业互联网联盟）内部而不是在正式的标准制定机构中开发互操作性的技术解决方案。但政策制定者也可以在鼓励或引导充分的标准化方面发挥作用，以便消费者拥有更多的市场选择，而不是局限于只能使用同一制造商的其他产品或基于相同协议的产品互操作（European Smart Grids Task Force，2016）。

---

① Joint Utilities, Supplemental Distributed System Implementation Plan, Case 16-M-0411, November 2016. （联合公用事业单位，补充的分布式系统实施计划，案例 16-M-0411，2016 年 11 月）"在开发新的市场收入来源，提供增值服务的背景下，数据访问也很重要。潜在增值服务的一个示例是数据分析服务，其向开发者和其他市场参与者提供细粒度更高与定制的信息。联合公用事业单位区分了无增量成本的基础数据和可收费的增值系统数据。增值系统数据的案例可包括预测的负荷数据、电路电压数据和电能质量数据等。增值客户数据的案例之一是集成数据。"

> 欧盟积极致力于各种标准制定工作，主要是考虑到欧盟单一市场需求的影响。欧洲标准化委员会-欧洲电工标准化委员会（CEN-CENELEC）是欧洲能源数字化互操作标准工作的主要参与者，该委员会汇集了34个欧洲国家的标准化机构，成员包括工业界利益相关方、消费者权益代表、工会和环保组织等。CEN-CENELEC近期的工作包括：制定电力和通信网络标准，能源管理系统标准，电子发票的数据格式，以及数字化技能专业资格等级认证标准等。其中一些工作基于立法要求，还有一些工作是预期欧洲各国政府将来会实施的政策决策。欧盟还参与国际标准制定，因此约有80%的CENELEC电子技术标准是在国际电工委员会并行流程下制定的国际标准（CEN-CENELEC，2017）。
>
> 针对智能电网互操作性的未来挑战，美国国家标准与技术研究院（NIST）发布了相应的路线图和框架。
>
> *就"（网络）安全性设计"而言，标准制定还有助于确定设计优先级。

政策制定者经常陷入关于隐私的争论中。从整个系统的角度来看，政策制定者可能认为公开集成数据可以获得广泛的公共利益。例如，这些数据可以为城市规划者提供参考，或者让研究人员能够调研单个消费者自身无法实现的综合效率增益机遇。与此同时，政策制定者还必须考虑到其选民的隐私担忧。

一些政府可能会以市场准入为交换条件从私人企业获取数据，就像美国波士顿市政府和优步拼车公司之间的交易一样。与此同时，政策制定者也越来越担心将数据收集和处理集中在少数几家大公司手中可能会导致垄断市场行为的发生。在这方面，OECD正在研究通过用户反馈循环强化的数据驱动网络效应以及IT基础设施相关的巨大规模经济，是如何导致产生市场垄断地位的（OECD，2016a；The Economist，2017）。

一些可能的解决方案是技术性的。数据可以通过集成方式保持匿名，这样私人信息就不会指向某个特定家庭。另一个解决方案是通过增加时间间隔来限制数据精度。在德国，智能电表数据法案只允许家庭数据每15分钟传输一次；而法国认为对于智能电网运行来说10分钟就足够了[①]。

[①] 德国于2016年8月29日实施《计量操作法案》（Messstellenbetriebsgesetz vom）；法国的情况参见www.cnil.fr/fr。但这些数据潜在影响很大，导致详细数据即使滞后3~6个月仍可能对用能的理解造成影响（参见第7章）。

其他解决方案涉及如何平衡不同社会目标的政策选择。希望鼓励需求响应市场发展的政策制定者应在消费者隐私担忧、促进需求响应市场的创新，以及公用事业单位的运营需求之间取得恰当的平衡。

政策制定者面临的一个关键问题是监管是否应采取选择加入或退出方案以获得客户授权。加入方案将为客户提供最大程度的保护，并需要获得客户的肯定性授权来共享特定数据，而选择退出方案则更有利于大量客户参与需求响应市场。

另外，还可以为客户提供一系列保密选项。"最低限度"客户可能只选择参与能够启用智能电网"核心"运营的数据收集，如负载平衡和价格形成。"最高限度"客户可能同意向商业能效供应商提供用于营销目的的详细数据，目的是了解可能节省的成本。这种方法的案例之一是美国能源部和美国联邦政府智能电网特别工作组（Federal Smart Grid Task Force）在2015年制定的自愿行为准则，该行为准则区分了数据的初级使用目标和高级使用目标（US DOE，2015）。

虽然每个辖区有差异，且面临着不同的发展机遇、文化背景和环境，但仍有数个现实世界的案例可供政策制定者参考（参见专栏6.4）。

专栏 6.4

隐私管理的具体案例

1）美国加利福尼亚州：2011年以来，加利福尼亚州制定了世界上首批智能电表数据保护的条例。未经客户事先同意，州法律禁止公用事业单位向第三方分享或以其他方式披露客户的消费数据和模式。法律还要求公用事业单位提供保密性，包括对智能电表或其他方式收集的使用数据进行加密。2014年，法律管控对象扩大到互联网服务提供商、金融机构和其他可能处理或接收智能电表数据的企业[*]。

2）韩国：2011～2015年，韩国对个人信息采取了一系列强有力的保护措施，对数据收集、使用、外包、披露、编辑、搜索、存储和销毁进行了具体的限制。《智能电网建设和利用促进法案 2011》还强调数据保护，要求运营商收集个人数据需要征得私人同意[**]。

3）欧盟：《通用数据保护条例》（GDPR）于2016年通过，并于2018年5月生效。它建立了欧盟个人数据保护的最新框架。《通用数据保护条例》要求在产品与服务的所有业务流程设计中，收集或使用数据前要考虑数据隐私问题并征得客户同意，包括外国企业收集或处理欧盟居民数据的情况。所有数据泄露事件必须向相关国家主管部门报告。"数据可移植性"原则赋予了将个人数据从一个服务供应商转移到另一个服务供应商的权利。《通用数据保护条例》的实施意味着许多公司的业务实践将发生重大变化。欧洲电力行业协会 Eurelectric 对在能源行业实行相关数据保护措施可能带来的影响进行了分析（Eurelectric，2016）。

4）法国：2016 年，法国立法确立了"公共利益数据"的概念，授权政府可要求商业实体公开其持有数据，以用于开展公共统计***。

---

* 《加利福尼亚州民法典》第三章第四节：专门交易义务，以及目前正在立法过程中的能源数据透明度的法律草案 SB-356：http://leginfo.legislature.ca.gov/faces/billNavClient.xhtml?bill_id=201720180SB356；还可参见加利福尼亚州公用事业单位太平洋煤气电力公司的智能电表数据收集选择退出方案：www.pge.com/en_us/residential/save-energy-money/analyze-your-usage/your-usage/view-and-share-your-data-with-smartmeter smart meter-updates/smart-meter-opt-out-program.page；

** 韩国《智能电网建设和利用促进法案 2011》；

*** 法国 2016 年 10 月 7 日第 2016-1321 号法案第 19 条。

在许多情况下，当前涉及隐私、消费者保护和电子通信的有效法律框架不是专门为能源而设计的。此外，许多通用法律框架没有与时俱进进行更新，以确保能够跟上技术进步的步伐。例如，通过智能电网传输消费者能源使用数据是"电子通信"吗？或者智能电表网络应该被归类为远程计算设备吗？缺乏对技术的清晰定义或强有力的保护会阻碍数字化能源信息共享，从而限制整体系统效率，同时可能引发消费者的强烈反对。

当政策制定者、监管机构、企业和消费者致力于解决这些问题时，他们需要考虑实施一系列措施，包括：

1）物理、行政和技术安全措施，保护并在可能的情况下匿名客户信息。

2）维护数据质量和完整性的流程，包括消费者访问和勘误存储的个人数据的方法。

3）提高透明度，包括收集和使用数据的目的，以及对其用途的明确限制。

4）披露消费者使用数据时必须征得消费者的同意，特别是在向第三方披露时。

5）当发布信息对消费者有利时，规定消费者可以选择与第三方共享数据，或者将数据从一个服务供应商自由转移到下一个服务供应商。

6.3 经济波动：日益数字化能源世界中的就业和工作技能

就全球经济而言，数字化正在改变现有工作模式，不仅会创造全新的就业机会,也会导致众多的工作岗位流失。毫无疑问,随着数字化发展程度的加深,既有赢家,又有输家,政策制定者必须为应对数字化发展带来的不确定性未雨绸缪。

目前,正在开展一些探讨数字化对整个经济影响的重要研究,包括OECD的"迈向数字化"(Going Digital)项目。该项目包括一系列跨领域举措和对数字化带来经济波动的深入分析,包括对就业和工作技能,以及就业两极化和收入不平等造成的潜在社会影响的进一步分析。OECD将在2018~2019年的报告中提出具体的政策建议,以帮助诸多政策制定者引导和管理数字化发展。

基于国际能源署分析投资对能源就业影响的报告(IEA,2017),针对主要能源行业的研究表明,数字技术能够以多种多样的方式影响能源行业的就业[①]。整体而言,数字化可能会进一步提高供应链的效率,但不太可能取代与物理基础设施相关的主要工程和建设活动中仍然庞大的劳动力需求。

从事数字化基础设施的工作人员需要专业的信息和通信技术技能,如编程和网络安全技能,而在整个能源行业,所有人员都需要通用的信息和通信技术技能来运用数字技术。对于不断涌现的信息和通信技术赋能协同工作机遇而言,还需要领导能力、沟通技能和团队合作等互补的"软"技能(OECD,2016b)。

虽然数字化可能导致整个能源系统的劳动力强度降低,但数字化的影响仍具有高度的行业差异性:

1)在发电厂的生命周期中,数字化发展对设备的影响最大,包括设备的制造、选址、运营和维护等。数字化提高了发电厂的生产力和可靠性,从而有可能降低劳动力强度。在火电领域,数字化发展可能会改变现有的运营和维护模式,同时在数据科学领域创造新的就业机会。在可再生能源领域,使用机器人清洁太阳能电池板和无人机监控风力涡轮机将会减少人工需求量。

2)在油气的上游行业,大部分工作岗位与油田开采有关。数字化和其他创新有助于降低成本和提高生产力,从而减少劳动力需求,但低油价环境也会导致油企员工失业,很难将二者的影响区分开。三维地震分析的广泛使用减少了钻井工人的劳动力需求,但在信息和通信技术和数据科学领域又创造了新的岗位,而这需要迥异于钻井的工作技能,且工作地点也不在一个地方。

3)在建筑物能效方面,几乎所有的工作岗位均与安装节能设备前期的工

---

① 对能源行业就业情况的实证研究多以三种方式来衡量就业效果:直接工作岗位(建筑工人和设施操作者);间接工作岗位(受雇于制造业或服务业,为新设施生产做出贡献的人员);联动工作岗位(由直接就业赚取的工资进行消费所产生的工作岗位)。

作（如建造和翻新）相关，而当安装完成后很少有岗位与运营节能设备相关。也就是说，从事建筑能效设备运营和维护的工作人员可能需要通过培训来获得额外技能，从而能够运用新技术，因为缺乏新技能将会成为提升能效的一大障碍。

4）在制造业中，很多工作都是规律性、机械化、重复性的物理劳动，使得工人面临制造业自动化升级的严峻挑战。而制造业使用机器人和自动化在历史上已经产生了显著的运营效益（包括安全性和生产力），这些技术的部署需要仔细考虑其对就业的影响，特别要考虑低技能工人的失业问题。与此同时，增加使用数据、传感器和3D打印也能够为先进制造业创造新的就业机会。

5）在交通运输业中，增强的互联性为打车应用程序平台创造了新的就业机会，但完全自动驾驶的汽车可能会导致人类驾驶员工作岗位的大量消失（参见专栏6.5）。

 专栏 6.5

自动化和就业：聚焦自动驾驶汽车

自动化对就业的潜在影响一直是学术界、国际组织和咨询公司在过去五年中开展的一系列研究的重点（Arntz, Gregory and Zierahn, 2016；Bughin et al., 2017；Frey and Osborne, 2013；PWC, 2017）。这项工作凸显出，由大部分可自动化任务组成的工作，如涉及规律性、机械重复性的物理劳动，以及数据的收集和处理工作，其面临的自动化风险远远超过那些无规律、带有创造色彩的活动。在能源领域，重点关注事项放在了自动驾驶车辆对就业的潜在影响上。

全自动驾驶汽车*可能会威胁到全球商业驾驶员的生计。仅美国就有大约350万名卡车司机、66.5万名公共汽车司机、23万名出租车司机和至少50万名约车公司司机（优步和Lyft）。因此，仅在这一个行业，数字化发展将可能对就业产生巨大影响，特别是在技术变革和应用迅猛的情况下。

然而，需要通过仔细研究劳动力市场和人口统计数据，以及技术可行性、公众接受度和监管环境，来缓解数字化发展带来的普遍失业的担忧。例如，美国卡车运输行业已经短缺约5万名司机，到2030年缺口将增加到80万人（ITF, 2017），而且由于工作性质（长时间工作、长时间离家、安全和风险问题），司机的流动率非常高。特别是在短期内实现卡车中高等程度的自动驾驶，可以弥补人类驾驶员数量不足，有助于缩小驾驶员短缺和工作岗位需求的差距。但即使在高速公路上使用全自动驾驶或互联列队卡车，最后一英里①的市内驾驶仍可能需要人类驾驶员进行操作，因为在市内交通情况复杂度大幅提升

---

① 1英里=1.609 344千米。——译者注

自动化发展的速度和程度及其对能源系统就业的影响仍然充满不确定性，这将取决于不同区域和行业背景等一系列因素（Bughin et al., 2017）。面对不确定的未来，各国政府必须准备好应对多种情景，包括向全自动驾驶汽车的快速转型。国际交通论坛（International Transport Forum）最近发布了《无人驾驶公路货运交通转型管理》报告，详细分析了自动驾驶卡车对劳动力的潜在影响，并提出了关键的政策建议（ITF, 2017）。

*本书第 2 章讨论了自动驾驶技术和交通运输行业的其他数字化趋势。

参 考 文 献

Arntz, M., Gregory, T., and Zierahn, U. (2016). "The Risk of Automation for Jobs in OECD Countries: A Comparative Analysis". OECD Social, Employment and Migration Working Papers, 2(189), 47-54. http://doi.org/10.1787/5jlz9h56dvq7-en.

Bughin, J. et al. (2017). "A Future That Works: Automation, Employment, and Productivity". McKinsey Global Institute.

Cambridge Centre for Risk Studies (2016). Cyber Risk Framework for Critical Infrastructure Threat Scenario: Mapping the Consequences of an Interconnected Digital Economy. www.itrc.org.uk/integrated-infrastructure-cyber-resiliency-in-society-mapping-the-consequences-of-an-interconnected-digital-economy/#.WXNAbXkUmUk.

Carr, M. (2016). "Public–private partnerships in national cyber-security strategies". International Affairs, 92: 1, 2016. www.chathamhouse.org/sites/files/chathamhouse/publications/ia/INTA92_1_03_Carr.pdf.

CEN-CENELEC (2017). Annual Report 2016. www.cencenelec.eu/news/publications/Publications/Annual_Report_2016_Tome_1_accesibility.pdf.

ENISA (European Union Agency for Network and Information Security) (2017). Cyber Europe 2016: After Action Report. June 30, 2017. www.enisa.europa.eu/publications/ce2016-after-action-report. Published on February 01, 2017.

ESET (2017). Win32/Industroyer: A New Threat for Industrial Control Systems. www.welivesecurity.com/wp-content/uploads/2017/06/Win32_Industroyer.pdf.

Eurelectric (2016). The Power Sector Goes Digital: Next Generation Data Management for Energy Consumers. www.eurelectric.org/media/278067/joint_retail_dso_data_report_final_11may_as-2016-030-0258-01-e.pdf.

European Parliament (2016). Cyber Security Strategy for the Energy Sector. ITRE Committee. www.europarl.europa.eu/RegData/etudes/STUD/2016/587333/IPOL_STU(2016)587333_EN.pdf.

European Smart Grids Task Force (2016). My Energy Data. Report by European Smart Grids Task Force, Expert Group 1: Standards and Interoperability. https://ec.europa.eu/energy/sites/

ener/files/documents/report_final_eg1_my_energy_data_15_november_2016.pdf.

Frey, C. B., and Osborne, M. (2013). The Future of Employment: How Susceptible are Jobs to Computerisation? Oxford, UK.

Gartner. (2017). Gartner Says 8.4 Billion Connected "Things" Will Be in Use in 2017, Up 31 Percent From 2016. Retrieved July 12, 2017, from www.gartner.com/newsroom/id/3598917 (accessed 12 July 2017).

Global Smart Grid Federation (2016). Smart Meter Security Survey, August 2016. www.globalsmartgridfederation.org/wp-content/uploads/2016/08/smart_meter_security_survey.pdf.

Government of Japan (2015). Cyber Security Strategy, provisional translation. Cabinet decision of 4 September 2015. www.nisc.go.jp/eng/pdf/cs-strategy-en.pdf.

Government of Mexico (2014). Programa para la Seguridad Nacional 2014-2018: Una Política Multidimensional para México en el Siglo XXI [National Security Programme 2014-2018: A Multidimensional Policy for Mexico in the 21st Century]. http://cdn.presidencia.gob.mx/programa-para-la-seguridad-nacional.pdf.

HMG (Her Majesty's Government) (2016a). National Cyber Security Strategy 2016-2021. H M Government. www.gov.uk/government/uploads/system/uploads/attachment_data/file/567242/national_cyber_security_strategy_2016.pdf.

HMG (2016b). Cyber Essentials Scheme: Requirements for Basic Technical Protection from Cyber Attacks. UK National Centre for Cyber Security. www.ncsc.gov.uk/scheme/cyber-essentials.

IEA (International Energy Agency) (2017). World Energy Investment 2017. OECD/IEA, Paris, France.

ITF (International Transport Forum) (2017). Managing the Transition to Driverless Road Freight Transport. OECD/ITF, Paris, France.

Larkin, S. et al. (2015). "Benchmarking agency and organizational practices in resilience decision making". Environment Systems and Decisions, 35(2), 185-195.

Lloyd's (2015). Emerging Risk Report. www.lloyds.com/news-and-insight/risk-insight/library/society-and-security/business-blackout.

Madnick, S. (2017). "Preparing for the cyberattack that will knock out U.S. power grids". Harvard Business Review. https://hbr.org/2017/05/preparing-for-the-cyberattack-that-will-knock-out-u-s-power-grids.

Marchese, D., and Linkov, I. (2017). "Can you be smart and resilient at the same time?" Environmental Science & Technology/Research Gate, May 2017. www.researchgate.net/publication/316849102_Can_You_Be_Smart_and_Resilient_at_the_Same_Time.

Mittal, A., Slaughter, A., and Zonneveld, P. (2017). Protecting the Connected Barrels: Cybersecurity for Upstream Oil and Gasor Energy Solutions. https://dupress.deloitte.com/content/dam/dup-us-en/articles/3960-connected-barrels/DUP_Protecting-the-connected-barrels.pdf.

National Academies of Sciences, Engineering, and Medicine (2017). Enhancing the Resilience of the Nation's Electricity System. www.nap.edu/catalog/24836/enhancing-the-resilience-of-the-nations-electricity-system.

National Geographic News (2012). Who's Watching? Privacy Concerns Persist as Smart Meters Roll Out. (14 December 2012). http://news.nationalgeographic.com/news/energy/2012/12/121212-smart-meter-privacy/.

NATO (North Atlantic Treaty Organization) (2016). Warsaw Summit Communiqué. Issued by the Heads of State and Government participating in the meeting of the North Atlantic Council in Warsaw 8-9 July 2016. www.nato.int/cps/en/natohq/official_texts_133169.htm.

NERC (North American Electric Reliability Corporation) (2016). Grid Security Exercise: GridEx III Public Report. www.nerc.com/pa/CI/CIPOutreach/GridEX/NERC%20GridEx%20III%20Report.pdf.

Newborough, M., and Augood, P. (1999). "Demand-side management opportunities for the UK domestic sector". In IEE Proceedings – Generation, Transmission and Distribution, 146: 3.

OECD (Organisation for Economic Co-operation and Development) (2017). Key Issues for Digital Transformation in the G20. Report prepared for a joint G20 German Presidency/OECD conference. www.oecd.org/G20/key-issues-for-digital-transformation-in-the-G20.pdf.

OECD (2016a). Big Data: Bringing Competition Policy to the Digital Era. www.oecd.org/competition/big-data-bringing-competition-policy-to-the-digital-era.htm.

OECD (2016b). Skills for a Digital World. www.oecd.org/els/emp/Skills-for-a-Digital-World.pdf.

OECD (2008). Recommendation on the Protection of Critical Information Infrastructures. www.oecd.org/sti/40825404.pdf.

PWC (2017). UK Economic Outlook. Retrieved from www.pwc.co.uk/economic-services/ukeo/pwc-uk-economic-outlook-full-report-march-2017-v2.pdf.

The Economist (2017). "Fuel of the future: Data is giving rise to a new economy. How is it shaping up?" Edition 6 May 2017. www.economist.com/news/briefing/21721634-how-it-shaping-up-data-giving-rise-new-economy.

US DOE (United States Department of Energy) (2015). Data Privacy and the Smart Grid: A Voluntary Code of Conduct. Final Concepts and Principles. www.energy.gov/sites/prod/files/2015/01/f19/VCC%20Concepts%20and%20Principles%202015_01_08%20FINAL.pdf.

US DOE (2011). Roadmap to Achieve Energy Delivery Systems Cybersecurity. Energy Sector Control Systems Working Group. https://energy.gov/sites/prod/files/Energy%20Delivery%20Systems%20Cybersecurity%20Roadmap_finalweb.pdf.

第 7 章

政　策

本章要点

- 数字技术进步和成本下降正在推动能源系统的数字化转型,但政策和市场设计对于引导能源数字化走上安全、可持续发展的道路至关重要。

- 充分利用数字工具有助于实现特定的政策目标。例如,启用政策机制和新的商业模式可有助于解决当前11亿无电人口的用电问题。新的数字工具还可以促进能源数字化的可持续发展,如使用卫星监测和核实温室气体排放,以及使用尖端工具追踪邻近区域的空气污染情况。

- 决策过程也能够从及时、精细地收集和公布关键能源数据中获益。新兴的低成本数字工具,如在线注册、网络爬虫数据和快速响应代码能够带来更有针对性和响应性的方案。

- 尽管很难用单一路线图描绘未来日益数字化的能源世界发展图景,但本章为各国政府提出了十项富有建设性的政策行动建议,以更好地迎接数字化能源时代。

尽管技术进步和成本下降正在推动能源系统的数字化转型，但政策和市场设计对于引导数字化转型走上安全、可持续的发展道路不可或缺。本章将首先探讨数字化如何帮助政府实现具体的政策目标，如能源普及率、可持续发展和能源安全等。之后，还将研究数字工具如何改善决策过程，并总结出制定实施完善、综合性政策框架的经验教训。在此基础上，最后为各国政府提出了十项富有建设性的政策行动建议，以帮助决策者更好地迎接充满不确定性的数字化能源未来。

7.1 提升能源普及率、可持续性和安全性

正如本书所讨论的，虽然能源数字化本身可能不是一项最终的政策目标，但它可以是一种有助于实现各种能源政策目标的手段。这些目标包括提高生产力和效率、改进安全性、增加收入、加快创新步伐等。下面将深入探讨三个具体的政策目标：能源普及率、环境可持续发展和能源安全。

7.1.1 能源普及率

在非洲撒哈拉以南的国家和其他发展中国家，分布式能源（如离网方案）是解决该地区电力服务极度匮乏行之有效的方案。易接受的政策环境和新的商业模式正在通过数字互联技术（如智能支付、移动电话等）为该地区能源发展带来新的机遇。

获得现代化、可靠的能源服务是促进人类社会和经济发展的关键使能要素。根据国际能源署《能源普及率展望：从贫困到繁荣》报告[1]的最新分析，尽管全球正在致力于迈向可持续发展社会，确保到 2030 年人人都能获得可负担、可靠、可持续和现代的能源服务，但当前全球仍约有 11 亿无电人口。数字化，尤其是在政策引导下，可有助于加快实现可持续发展目标的步伐。

在非洲撒哈拉以南的某些国家家庭中，手机比电力更普及，而手机和相关基础设施，如手机发射塔，能够帮助人们获得大量的能源服务（图 7.1）。BBOXX、M-KOPA、Off-Grid Electric 和 Mobisol 等公司已经开发出新的商

---

[1] 有关能源普及率的更多信息，请参见《能源普及率展望：从贫困到繁荣》（IEA，2017），这是《世界能源展望》系列的一部分，参见 www.iea.org/energyaccess。

业模式,为已被移动网络覆盖但还没有电网的区域提供能源服务。有两种主要的商业模式利用即付即用(PAYG)移动金融和支付计划提供可再生能源离网设备:

1)分期付款模式,即消费者可以使用自己的手机给离网设备(如一个家庭太阳能系统)首付一部分金额,剩余部分可以采用分期付款的方式支付。

2)太阳能服务模式(solar-as-a-service),即消费者定期支付能源服务费用,但不购买设备。

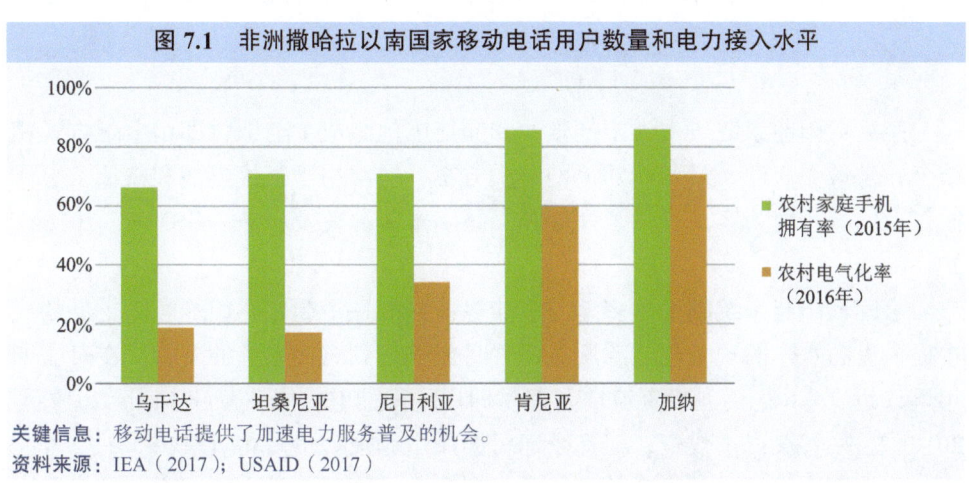

图 7.1 非洲撒哈拉以南国家移动电话用户数量和电力接入水平

关键信息:移动电话提供了加速电力服务普及的机会。
资料来源:IEA(2017);USAID(2017)。

至关重要的是,移动网络使公司能够远程监控产品并收集使用数据,在客户欠费时禁用设备,在完成缴费后重新启动设备。通信服务的完善程度、移动支付系统的普及情况、相对友好的商业环境一直是企业业务选址决策的关键考量因素。截至 2016 年底,东非是非洲撒哈拉以南地区拥有手机注册支付账户人数最多的地区,占比为 55%;其次是西非,约占 30%(GSMA,2017a)。即付即用能源服务业务模式在四个国家最为活跃:肯尼亚(即付即用模式的发源地,见表 7.1)、坦桑尼亚、卢旺达和乌干达。与此同时,其他市场也正在崛起,尤其是在埃塞俄比亚、加纳和尼日利亚。

表 7.1 肯尼亚即付即用服务市场领导者的产品及定价情况

公司	产品	成本(美元)
M-KOPA	8 瓦家庭太阳能系统 (4 个 1 瓦 LED、手电筒、收音机)	首付款:33.5 美元 每日费用:0.48 美元(365 天) 总费用:208 美元

续表

公司	产品	成本（美元）
BBOXX	15 瓦家庭太阳能系统 （4 个 1 瓦 LED、收音机）	首付款：9 美元 每月费用：9 美元（36 个月） 总费用：336 美元
BBOXX	50 瓦家庭太阳能系统 （4 个 1 瓦 LED、收音机、LED 电视）	首付款：21 美元 每月费用：21 美元（36 个月） 总费用：761 美元

注：币值以 2016 年 1 月 31 日美元计，客户以当地货币支付。
资料来源：根据 Sanyal 等（2016）改编

家庭太阳能系统（由太阳能模块和储能电池组成）与即付即用金融方式相结合，是最受欢迎、最成功的离网解决方案，通常用于替代煤油和柴油。总体而言，这些系统为客户提供了一级和二级基本能源普及服务（GSMA，2016a，2016b）[①]。

家庭太阳能系统越来越多地与节能电器捆绑在一起，它们能够以更低的成本提供更高水平的现代化能源服务，并且能够得到离网系统的支持。在过去四年里，超过 3.6 亿美元投资流向了即付即用太阳能电力服务（GSMA，2017a，2017b）。尽管获得了投资，但迄今即付即用市场规模仍然相对较小。

这一商业新模式的出现并不需要与现有推进能源普及率的工作直接竞争，特别是其代表着私人投资者投入了更多的资本。一些政府正在与企业建立合作关系，推进家庭太阳能系统的发展。例如，最近多哥共和国政府和 BBOXX 公司签署了合作项目，在未来五年将在多哥部署超过 30 万个家庭太阳能系统（ESI Africa，2017）。在某些案例中，数字技术推动能源普及率的商业模式也促使现有能源服务商（如公用事业单位）重新思考与审视自身作用和提供能源服务的模式。一些公用事业单位正在探索如何利用通信塔来开展新的电力服务，通信塔提供的电力负荷和支付安全性是吸引投资与邻近家庭电气化的关键因素。通过这种发展方式，信息和通信技术可以为家庭太阳能系统服务，信息和通信技术关键基础设施也可以从电力供应系统中获益，从而产生双赢效果。

此外，越来越多的视线聚焦到移动技术（如云计量和软件平台）将如何与更大的电力系统（如微电网）相结合，而不只是局限在数字支付。这些电网可

[①] 一级基本能源普及服务意味着有足够能源用于照明和手机充电。二级基本能源普及服务可以运行普通照明、电视和风扇。

以为消费者提供额外的服务，并支持商业和农业活动，从而促进经济增长。

然而，上述工作也存在一些挑战，尤其是如何增加融资和扩大即付即用供应商的产品供给规模，为消费者提供更高水平的能源服务。政策的不确定性和缺乏透明度将带来风险，削减企业的投资热情，阻碍分布式电力系统和非国有企业的发展。政府制定协调一致的规划非常重要，并且应该考虑升级现有电力系统，并将分布式系统集成到大电网中。此外，尽管一些新的电力服务商业模式在没有援助或补贴的情况下已具有较强的竞争力，但如果政府政策制定了合适的税赋结构并简化许可和审批程序，这些新的服务模式将能够取得更大的效益。从根本上说，要使这些新的电力服务模式创造效益，它们必须为消费者提供可负担的电力服务。因为在通常情况下分布式系统电力的单位成本比大电网高，农村用户可能比城市用户支付更多的电费账单，或无法使用高功率电器，除非政府决定给予分布式系统交叉补贴，甚至超出其成本的补贴，这在之前已出现过相关案例。

7.1.2 环境可持续发展

本书确定了决策者利用数字化改善能源系统环境影响的一些方法。这些措施包括改善交通运输业、建筑业和工业等终端行业的能源消耗，以有助于减少空气污染和温室气体排放。例如，2014年的统计结果显示，工业碳排放量占全球二氧化碳排放总量的24%，因此利用数字技术提高工业能源效率和原材料使用效率意义重大（参见第2章）。无人机和数据分析能够应用到石油和天然气业务，以较低成本提高甲烷排放的检测和测量精度（参见第3章）。数字技术还有助于更好地集成波动性可再生能源（如风能和太阳能），仅欧盟即有望到2040年前减少2.4亿吨二氧化碳排放（参见第4章）。与此同时，信息和通信技术企业在可再生能源投资中扮演着重要角色，其中包括一些承诺实现100%可再生能源采购目标的公司（参见第5章）。

然而，在某些特定情况下，数字化反而会增加能耗和排放。例如，自动驾驶车辆的发展可能会增加旅行需求，从而导致能耗增加。利用数字技术提升效率不仅能降低风力发电的成本，还能降低煤炭发电的成本。智能控制和互联设备必须消耗能源以保持互联状态，即便在待机状态下也是如此。互联设备从生产到最后的报废处置都会对能源和环境产生一定的影响。因此，尤为重要的是，政策制定者要了解数字化的影响可能并不总是有利于环境保护，所以制定政策时需要充分考虑上述情况。

对可持续发展至关重要的特定技术也能够从数字化中获益。以碳捕集与封存技术为例，其价值链中的每个环节都能够通过引入数字技术而显著受益（参见专栏 7.1）。

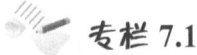 **专栏 7.1**

数字化和碳捕集与封存

数字技术应用到二氧化碳捕集领域在本质和产生的效益上都与数字技术应用到工业和发电部门一样。而通过自动化优化控制过程，并引入增强的数据收集和分析技术可能会降低总体成本。数字化将在未来捕集和封存更小型与稀疏的二氧化碳排放源项目中发挥越来越重要的作用。

二氧化碳输运和封存的数字化转型也是沿着油气上游数字化的路线发展（参见第 3 章）。事实上，油气行业的许多数字化转型和创新实践经验可以应用到二氧化碳封存评估与发展上。与油气行业一样，新兴的碳封存行业也要处理从监测和控制工厂过程的电子仪表中获取的大量时间序列数据信息。碳捕集与封存也将面临与油气作业类似的"大数据"挑战，需要处理来自广泛分布设施的大量结构化和非结构化数据。

未来的二氧化碳封存项目应该能够从石油和天然气工业革命的关键技术创新中获益（Managi et al., 2004, 2005）。这些技术包括 3D 地震模拟（Bohi, 1999）、智能钻探，以及其他与定向、多级水力压裂和非常规天然气相关的技术（Wood Mackenzie, 2014）。

例如，还有必要综合应用多尺度与多学科模型和工具，以了解注入二氧化碳的储层性能，并评估封存行为对周围环境的影响。利用最先进的监测技术在不同时间（注入前、注入中和注入后）对不同区域（地下、地面和大气）的二氧化碳浓度进行实时监测，估算二氧化碳封存量以将泄漏风险降至最低，这一工作对于向公众和监管机构证明二氧化碳封存是安全的至关重要。

再如，使用无人机（参见专栏 2.1）远程监控海上（www.stemm-ccs.eu/）和陆上的二氧化碳封存地点。得益于智能传感器和控制技术的应用，运营商可以开展远程操作，从而提高在海上无人平台开展二氧化碳注入作业的安全性。

此外，企业和政策制定者还可以更有创造性地使用数字技术，以促进环境的可持续发展。例如，许多城市使用静态监测站进行空气质量测量，但高昂的成本限制了这种监测站的大规模部署。研究人员还在开展一项试点项目，在车辆上安装空气质量监测传感器，将监测网络扩展至物联网领域。谷歌甚至提出一项新倡议，在其街景地图上推出追踪空气污染的功能。

在中国，远景能源公司正在使用全球最强大的超级计算机来开展风力发电厂设计和优化选址工作[①]。在太阳能领域，GTM Research咨询机构的太阳能数据中心则利用相关数字技术来跟踪和预测全美国境内的太阳能装机市场[②]。初创企业生物碳工程公司（BioCarbon Engineering）使用无人机每天从空中向地面播撒10万颗发芽种子开展"工业规模植树造林"（ABC News，2017；WEF，2017）。

数字技术如何促进可持续发展政策目标实现的另一个创造性案例是，一些国家航天机构利用相关数字技术改善温室气体排放的监测、报告和核查。更精确的核算对于保障碳交易市场等碳认证机制的完整性至关重要。

而目前，这类核算通常使用化石燃料消耗、土地使用和/或经济趋势的数据进行计算。日本宇宙航空研究开发机构（Japan Aerospace Exploration Agency）和美国国家航空航天局（NASA）率先采用卫星从太空追踪二氧化碳和甲烷排放，这项技术是通过测量空气柱中的二氧化碳和甲烷气体浓度，同时结合地面监测网的监测结果而开展的（Kornei，2017）。

这项技术很复杂，因为卫星发射既昂贵又难以计划，但预计到2030年，有望有数颗卫星投入使用，形成由几个空间机构共享的联合太空监测站。这一工作基于2015年各空间机构的一份联合声明，其中指出："卫星观测是全球测量系统的关键要素，旨在验证各国是否遵守《联合国气候变化框架公约》"（International Academy of Astronautics，2015）。

联合国和世界银行都支持探索大数据潜力的计划，为监测、分析和适应气候变化提供新的见解。联合国于2017年3月启动了"气候行动数据"（Data for Climate Action）倡议，向拥有丰富数据的公共和私营机构发出号召，希望其免费提供大量数据，从而使得科学家、研究人员和企业家可以利用这些数据，研究得出影响人类行为及其对气候变化影响的新颖见解和方法。

政策制定者应该意识到这些新的数字化发展机遇，以推动社会的可持续发展，包括发展更多前沿的解决方案[③]。反过来，这将帮助政策制定者实施更具

[①] www.envision-energy.com/2016/10/18/envision-energy-launches-energy-analytics-platform-ensight/。

[②] www2.greentechmedia.com/solardatahub。

[③] 参见全球电子可持续发展倡议（GeSI）近期报告SMARTer2030，该报告强调了IT改善能源行业和其他行业的潜力，详见 http://smarter2030.gesi.org/。

成本效益的政策，包括开展更多的公私伙伴合作等。

7.1.3 能源安全

尽管能源数字化转型会增加网络安全风险（参见第6章），但也会带来正面的安全效益。在数字化为能源供应侧带来的效益中（参见第3章），数字化能够改善能源基础设施维护管理过程。例如，利用传感器与近实时分析技术监测和预测设备的单个部件早期可能出现的问题，以避免发生机械故障导致设备运行中断。通过这种方式，数字化可有助于减少意外停机。对设备的密切监视还有助于发现人为错误，并能迅速确定由于极端天气等外部因素造成损害的确切位置。

同样，数字化发展还能为用能侧带来安全效益（参见第2章）。20世纪70年代以来，节能一直是能源安全工作的基础；而在未来，数字化为进一步加强节能工作提供了难得的机遇，尤其是在住宅和商业建筑领域，通过在供暖与制冷系统安装智能控制器，有望到2040年前削减10%的能耗。通过智能需求响应能够加强能源安全，可以更好地匹配用能与供应波动，这对电力系统集成更高比例的波动性太阳能和风能尤其重要（参见第4章）。

7.2 应用数字技术改善政策制定流程

数字技术不仅是实现众多政策目标的有力工具，也有助于政策制定过程的自我完善。本节讨论数字化对能源统计的影响，然后举例说明新的数字工具如何帮助决策者制定节能电器标准。

7.2.1 更好的能源统计

收集和利用数字数据（参见专栏 7.2）有可能重塑对能源的认知，并为如何与为什么使用能源提供全新的见解。通过获得数字数据，以及采用收集与组合处理数据的新方法，可以改进能源数据的质量、及时性和可用性。这反过来有助于改善决策者、企业和其他参与方的决策过程。

专栏 7.2

数字数据类型

数据是一个广泛使用的术语,具有多种含义。在数字化的背景中,它是三个相互联系但又相互独立的定义:

1)统计数据是一些事实,如一个国家的年度能源平衡数据,或者更正式地说,"任何调查部门对与每一个国家相关事实的数字化描述"*。

2)结构化数据是有组织的大型数据集,通常由国家行政部门生成。例如,关于上网电价或能源审计的信息等。结构化数据也可以来自能源行业,如来自电表读数。

3)大数据是指从各种多样化来源收集的大量数据,通常是近实时的。因为数据收集可能是在业务或控制过程中发生的,这些过程没有设计专门的数据分析功能。信息和通信技术研究与顾问咨询公司高德纳(Gartner)将大数据定义为"大容量、高速度和/或高度多样化的信息资产,需要全新的处理方式以改善决策、洞察发现和优化过程。

---

* Lyon Bowley, Sir Arthur(1915)。

以电力生产和消耗为例进行说明。如果发电商以数字形式收集实时信息,则在适当的条件下可以向官方能源统计机构提供这些信息。这让获取近实时的官方发电和燃料投入数据成为可能[①]。

数字数据还可以变革一个被称为"数据融合"的不断演变的过程。在这一过程中,创建的数据集要比其组成单元的简单加和强大得多。目前,与能源分析相关的数据融合有两大发展趋势:地理信息系统和数据聚合(data aggregation)。地理信息系统可将不同的数据作为多层合并到单个地图中[②]。这张地图可以显示不同高度的平均风速信息,以及太阳辐射、电网规划平面图、

---

① 然而,这种供应侧数据还不足以追踪电力需求发展趋势,因为电网运营商和电力零售商无法获得产消合一者的能源数据,如家庭使用太阳能光伏和用户侧安装电池自供能源(参见第 4 章)。需要调整目前的数据收集过程以覆盖这一细分市场。

② 与能源有关的地理信息系统案例包括:瑞士联邦地理信息系统 Geocatalog(https://map.geo.admin.ch);澳大利亚可再生能源测绘基础设施(AREMI, http://nationalmap.gov.au/renewables/);荷兰国家能源地图集(www.nationaleenergieatlas.nl/en/kaarten);加拿大自然资源部 GeoApp(http://geoappext.nrcan.gc.ca/GeoCanViz/map/nacei-cnaie/en/index.html);印度尼西亚 ESDM One 地图(http://geoportal.esdm.go.id/monaresia/home/);国际可再生能源机构的全球地图集(IRENA, https://irena.masdar.ac.ae/gallery/#gallery)。

交通基础设施、土地信息和保护区信息等。将这些数据信息整合到一张地图中，可以大幅缩减新能源项目评估所需要的时间，而且结果非常精确，便于推动投资和降低风险。

顾名思义，数据聚合旨在合并和管理不同的数据源，并使用它们来提升对能源系统的理解。以英国政府工作为例，其正在将地区每年用电量或用气量的数据与建筑存量数据（建筑类型、楼层面积、建筑年限等）、能源审计和社会经济指标的信息结合起来处理。如同英国国家能效数据框架（NEED）中所展示的，通过该方式得出的结果商业可行，并有助于理解能效政策的影响和指向[1]。第二个案例是北欧国家正在建立的数据中心，其目标是加强电力零售市场的竞争，通过将所有数据聚合到一个统一数据接口，以便消费者和其他电力市场参与者更易于转换供应商以及开展其他市场活动。丹麦电网运营商 EnergiNet.dk 目前正在其 Energi 数据服务中安全地存储匿名的、接近实时的高精度数据。而这些数据将会聚合成电力消费、生产来源、贸易、二氧化碳排放、输电线容量和批发市场价格等开放数据，目的是支持新产品开发和统计分析[2]。

严格的验证过程是数据融合的一个关键步骤，这一过程将生成高质量的数据供用户进一步使用。通过集成不同数据源创建的数据集需要具备可重复性，而此类统计数据需要利用元数据来解释其结构，以及哪里存在不确定性。重视数据的代表性和完整性仍然至关重要。

政策制定者和能源行业只有获得这些新的数据来源，才能抓住数字化为改善能源统计提供的机遇。此外，还需要开展很多工作来制定准则和机制以实现这一点（Masanet et al.，2017）。欧盟委员会近期发布的政策文件总结了存在的关键问题和未来可能的发展方向（European Commission，2013，2017a，2017b）。

7.2.2　电器能效标准数据

制定电器、建筑物和车辆的最低能源性能标准已被证明是世界各国政府用来提高能源效率的最具成本效益的措施之一。然而，制造商和监管机构之间的信息不对称，以及缺乏有效的合作机制，使得这些标准有时难以取得预期效果。

三种低成本的数字技术可以显著改善关于电器能源性能的数据收集和分析，为消费者提供更完善的信息，大大改善决策过程：

---

[1] www.gov.uk/government/collections/national-energy-efficiency-data-need-framework。

[2] www.energidataservice.dk/。

1）在线注册系统是设备和电器制造商或进口商在向市场销售合格产品之前，需要在监管机构网上系统中录入产品信息。通常，注册时需要提交技术文档来证明产品符合相关监管机构设定的性能指标要求。这种类型的数据库还使得监管机构能够跟踪市场的变化。总的来说，在线注册系统可以推动能效计划的发展，减少标准机制制定所需的成本和资源，为制造商提供一个更精简和透明的系统，并为消费者提供信息帮助其做出明智的节能产品采购决定。有许多国家已经成功部署了在线注册系统，包括澳大利亚、巴西、加拿大、中国、印度、日本、沙特阿拉伯、泰国、新西兰、越南和美国等。

2）网络爬虫（也称为网络数据抓取/采集）是一种使用搜索算法从网站自动收集信息的技术。该技术可以用于收集产品销售额、价格、能效水平和产品类型等各类在线数据。对决策者而言，简单快捷低成本地获得这些数据对于制定能效标准或评估能源标签计划的影响大有裨益。与传统的市场研究方法相比，瑞典和美国的政策制定者利用网络爬虫技术取得了可喜的成果。这仍然是一项新技术，但随着越来越多的电器和设备在网上销售，网络爬虫数据变得越来越重要。随着技术和方法的不断发展，在国际范围内分享网络爬虫的知识和经验将是全世界决策者的一项有益工作。

3）二维码（QR）是一种机器可读的光学标签，类似于二维条形码（图 7.2）。

图 7.2　中国电器能效标签上的二维码样例

关键信息：扫描产品标签上的二维码是获取商品相关信息的一种快速高效的方法。
资料来源：China National Institute of Standardization（2015）

二维码包含了关于它所附物品的信息，可以用于产品跟踪、识别、文档管理和营销等能够以统一格式访问信息，其使用提高了注册系统的质量。例如，海关官员只需扫描二维码标签，就可以查阅进口电器商品的相关信息（如原产地、进口商、口岸等），以验明产品是否假冒伪劣，完成对产品的快速识别验放。

在使用新技术管理强制性能效标准和标识计划方面，中国处于领先地位。特别是，中国率先使用二维码引导消费者购买节能电器设备。

鉴于普通（非数字化）能效标签对消费者的影响有限，消费者往往依赖零售商为他们的购买决策提供建议，中国标准化研究院于 2016 年在 16 种电器中引入了二维码[①]。这些二维码让消费者可以通过智能手机应用程序轻松获取电器产品的相关信息。并且，这些信息每天都根据产品注册情况进行更新，包括不同电器价格和运行成本的比较、使用手册、维修选项和报废回收选项等。此外，通过扫码还可以提升产品合格检验的效率，而不需要大量的技术专家参与，当地的执法机构可以看到一个产品或制造商是否在全国其他地区的能效测试中表现良好。

二维码非常适合中国，在中国约有 12 亿人使用手机，其中一半以上手机是具有扫描功能的智能手机。此外，二维码没有专利，使用方便，成本低。目前，有超过 4000 种电器有二维码，在 9 个月的时间内产生了 8500 万次扫描[②]。

然而，不同国家选择设计不同的二维码协议的风险越来越大。制定共同数据标准或二维码协议的国际合作，将使二维码得到更广泛的应用，以及被国际监管机构和制造商采用成为可能。

7.3　政策框架和市场设计

在能源系统的许多方面，数字化可以带来积极的变化，但决策者需要致力于了解、引导和利用数字化的正面影响，并将其风险降到最低。首先应该承认的是，不同国家和地区的政策制定者在能源资源、数字和能源基础设施、市场设计方面起点有别。此外，一些国家已经制定了旨在使整个经济和社会迅速数

---

① 2017 年，中国标准化研究院资源与环境分院夏玉娟博士做了题为"中国能源标识二维码应用的最佳实践"的报告。

② 2017 年与中国标准化研究院的个人通信。

字化的一般政策目标。新加坡"智慧国家愿景"可以被视为是研究整体数字化战略（包括能源和交通）一个极具参考价值的案例，尽管这种具体的模式可能无法复制或适用于其他国家（参见专栏 7.3）。电子政务战略的先行者还包括爱沙尼亚。

 专栏 7.3

新加坡"智慧国家愿景"

新加坡"智慧国家愿景"于 2014 年启动，旨在利用数字技术使新加坡成为"世界上第一个智慧国家"。虽然新加坡在许多方面不同于其他国家，包括新加坡实际上是一个城市国家，其政府可以同时实施城市级和国家级政策，但其综合性工作仍为其他国家提供了有益的研究案例，并引发了其他国家政府思考未来可能面临的政策问题。

新加坡的数字化工作侧重于一系列基础设施、监管和创新支持：

1）新加坡已大举投资建设强大的数字化主干网，包括高速宽带网络，以提高互联速率。该国已经建立了一个通用平台，通过数据共享门户和视频、数据分析工具将分布在岛上的各种传感器连接起来，能够快速收集和处理实时数据，用于分析、事件响应和决策制定。

2）为了促进数字设备的互操作性，新加坡正在为网络系统架构制定标准，以及为传感器和物联网制定通信和安全协议。在金融领域，新加坡引入了一个监管沙箱，允许在有限时间内不受现有监管框架的约束，对金融科技解决方案和商业模式进行测试。

3）为了提高从业人员数据分析和应对网络安全风险方面的能力，新加坡政府正在培训 1 万名数据科学方面的公务员，同时允许应征入伍的军人从事网络安全工作，学习可以延续到未来职业生涯的技能。

4）新加坡已经承诺到 2020 年将投入约 140 亿美元资金来支持私营和公共部门的数字化发展研发，主要是开发一系列数字技术和可持续城市解决方案。

5）私营部门能够获得越来越多的公共数据和地图信息。例如，实时公共交通在线数据被用来创建"巴士叔叔"，这是一个 Facebook 聊天机器人，能够用当地独有的新加坡英语告知乘客下一辆公交车的等待时间。

新加坡综合性数字化发展战略在能源和交通运输业的工作尤其明显。新加坡正率先推出先进的城市拥堵定价机制，引入全球导航卫星系统，允许

> 灵活调整收费和适用区域以响应交通流量的变化,并更好地改进车辆在拥堵道路上行驶的精确距离的收费机制。由多个政府机构协调的早期试点项目评估了电动汽车的使用模式、不同充电技术及其对电网的影响,以及网络安全风险。它最终催生了电动汽车拼车和出租车、混合动力和电动巴士的大规模试点项目,试验得出了可行的商业模式。新加坡还正在探索和部署各种无人驾驶汽车的试验平台,从小汽车、公共汽车到卡车,再到用于道路清洁和垃圾收集的多用途车辆等。

本书提出的一个关键共同主题是,数字化带来的许多潜在效益需要相应的政策支持框架才能充分实现。交通运输业是一个典型案例。智能互联电动汽车和共享交通有潜力重塑城市,但首先需要克服与技术、法律、监管和其他政策相关的许多障碍(参见第 3 章,特别是图 3.1)。

同样,正如第 4 章中所讨论的,数字化正促成电力系统结构和商业模式的复杂转型。在这方面,各国政府可能还在思考标准制定(参见专栏 6.3)、市场设计和监管框架能在多大程度上促成最优结果。例如,电网数字化可能需要修订基于费率的规则,以便在与铜电缆投资相等的基础上推动信息和通信技术投资和软件服务的采购。需要采取一系列措施支持公用事业单位的数字化发展,包括监管试点机制、示范项目补贴和标准制定等。

数字化在技术上还可以让需求响应获得显著效益,增强电网的灵活性和节能效果。然而,可能需要进行市场改革以便为实现这一目标提供激励。例如,"光伏+储能"的产消合一者可以在当地的需求响应和电网平衡方面发挥积极作用。但如果向电网充电和放电的电池需要缴纳高额税费或在每笔交易中都要缴税,那么产消合一者就不会加入需求响应的行列,他们更愿意存储其产生的电力,以备在自己的建筑物中使用。

与此同时,监管机构需要警惕快速增长的自动交易数量的影响,因为这些交易是在电网中进行的,会给物理系统控制带来压力(Vasconcelos,2017)。有关如何处理这些问题的决策也将对能源行业出现新的商业模式产生影响。

数字化的应用已在许多行业和市场中造成了剧变(参见第 1 章和第 6 章)。在能源行业,一些领域应用数字技术由来已久。例如,在石油、天然气和电力事业的运营中广泛采用大型机计算。近期,其他大规模部署应用信息和通信技术造成的影响尚不明朗。

因此,需要灵活的政策框架来适应未来难以预测的发展需求。随着商业模式和服务方式的巨大变化，那些政策框架过于僵化的政府可能会反应迟缓，从而无法充分利用数字化带来的机遇。

第 6 章还重点分析了数字化发展带来的一系列潜在的风险，特别是数据安全、隐私、就业和工作技能的变化。未来数字化发展肯定会面临一系列挑战。在开放的方式（开放数据、开放市场准入）与管理这些问题之间取得平衡，既需要远见，也需要与能源领域以外的专家合作解决。

7.4 政策建议

根据本书的分析，国际能源署初步提出了一套建设性建议，以帮助决策者把握能源行业数字化发展带来的机遇和挑战。但这一建议清单并不是详尽或决断性的，也认识到各个国家的国情千差万别[①]。希望这一工作能促进政府、企业和其他利益相关方之间的深入讨论。对政府工作的建议如下：

1）培养员工的数字化专业技能。能源政策制定者需要确保他们充分了解数字化世界的最新进展、所用术语、发展趋势，以及数字技术对各类能源系统的影响（包括短期和长期影响）。本项建议的主要部分包括确保能源政策制定者能够与具有数字技术专业知识的工作人员保持紧密联系。通过教育政策与技术培训确保私营和公共部门从业人员具有专业的数字技术知识也将是至关重要的。召开数字技术主题的会议、研讨会和实践活动也将有所裨益。

2）确保以合适的方式获取数据。想要抓住数字化改善能源统计的机遇只能通过获取数据来实现。这些数据包括：空间和时间维度详细的电力消耗数据、分布式能源装机信息、有关能源基础设施的数据等。在保护隐私的同时，确保及时、可靠、可验证、安全地访问来自企业和政府的必要数据是至关重要的。政策制定者应该考虑如何制定恰当的指导方针和机制实现数据的安全共享。

3）增强政策灵活性。虽然在许多情况下，能源基础设施使用寿命可达 50 年或更长时间，但软件、应用程序，甚至信息和通信技术硬件的生命周期较短，很快就会过时淘汰。政策制定者在设计一系列能源政策时，应确保政策具有一定的灵活性，能够应对数字和通信技术的发展，这些技术通常将以难以预测的方式快速演变。

4）开展试验。正如本书所探讨的那样，目前无法准确预测特定的数字技术

---

① 例如，在能源和基础设施领域、数字化成熟度、经济发展等方面。

将会如何影响特定的能源系统,特别是在涉及多个政策目标和不确定反馈(有时是无意反馈)的复杂现实世界中。因此,各国政府应该依据自身情况开展一系列现实试验,以从实践中获取经验。其中美国加利福尼亚州的电力需求响应和智能电网试点项目就是一个很好的案例。各国政府还可以参考澳大利亚、印度尼西亚和新加坡等国发展的金融科技试验区路线,建立等效的数字"沙箱"[①]。例如,可以建立这样的沙箱来测试端到端可交易能源市场或自动驾驶车辆试验区。

5) 参与广泛的机构间讨论。世界许多地区正在为其整个经济体制定数字化发展战略。例如,2015年5月以来,欧盟委员会在其"数字化单一市场"战略框架下提交了35项立法提案和政策倡议。能源政策制定者应积极参与这些机构间的讨论,以确保能源行业的观点和权益被纳入其中。

6) 关注整体系统效益。根据国际能源署的建议,能源数字化的成本和效益不能仅从单个系统单元或单个消费者的角度出发,还应从整个系统的安全性、可持续发展和经济性角度出发来考量总体净效益。这种方法在电力领域尤其重要,因为向智慧能源系统的转型可能需要在市场设计上做出重大改变。

7) 监测数字化对整体用能的影响。政策制定者应该意识到,由于智能家居和消费电子产品数量不断增长,新的数字设备和服务可能会增加能源消耗。了解消费者的行为并时刻更新监测新的用能装置的能源效率将变得越来越重要。

8) 将安全性嵌入设计中。作为降低整体数字化发展安全风险的有效方法之一,政策制定者应该在所有公共资助的技术研究和设计项目,以及产品制造的标准制定中考虑安全性因素。

9) 创造一个公平的竞争环境。政府应致力于为数字化能源提供技术中立与路线中立的政策和平台(例如,部署智能电表或其他能源管理系统)。允许各种企业竞争,以寻找新的商业模式,更好地为消费者服务。此外,还需考虑到安全性、隐私、经济波动和其他问题。

10) 借鉴汲取他人的经验教训。在数字化对能源系统影响日益增强的多个方面,每个国家都不尽相同。尽管如此,仍可以从其他国家和地区政府的实践中汲取经验教训。这些经验教训既包括正面的案例研究,还包括更多的反面教训。可以通过举办各种研讨会与论坛分享最佳的合作实践和政策,包括互联设

---

① 沙箱是一种"安全屋"类型,在行业监管机构的支持下,可以进行特定类型的创新产品、服务和市场机制的试点。在沙箱中,可对阻碍试点的相关监管法规做出适当修正。

备联盟和一系列国际能源署技术合作计划等[①]。

参 考 文 献

ABC News (2017). "Climate change in drones' sights with ambitious plan to remotely plant nearly 100,000 trees a day", ABC News, 25 June 2017. www.abc.net.au/news/2017-06-25/the-plan-to-plant-nearly-100,000-trees-a-day-with-drones/8642766 (accessed on 9 October 2017).

Bohi, D. R. 1999. Technological Improvement in Petroleum Exploration and Development. In Productivity in Natural Resource Industries: Improvement through Innovation. Simpson [Ed.]. RFF Press (June 2, 1999). ISBN 978-0915707997.

China National Institute of Standardization, 2017. Best Practice of QR Code Application in China Energy Label. Presentation by Dr. Yujuan Xia. Resources and Environment Branch. CNIS.

China National Institute of Standardization (2015). QR Codes for Appliances and Equipment – Enabling Access to Information and Facilitating Compliance. Lin Haoxin. CNIS. 21st Century Energy Efficiency Standards and Labelling Programmes Workshop. December 2015. www.iea.org/media/workshops/2015/productsdec15-16/2.4_LinHaoxin_QRCodesforAppliancesandEquipmentEnablingAceesstoInformationandFacilitatingComplianceLinHaoxinCNIS.pdf.

European Commission (2017a). Communication on Building a European Data Economy. https://ec.europa.eu/digital-single-market/en/news/communication-building-european-data-economy.

European Commission (2017b). Staff Working Paper on Building a European Data Economy. https://ec.europa.eu/digital-single-market/en/news/staff-working-document-free-flow-data-and-emerging-issues-european-data-economy.

European Commission (2013). Scheveningen Memorandum on Big Data and Official Statistics. http://ec.europa.eu/eurostat/documents/42577/43315/Scheveningen-memorandum-27-09-13.

ESI Africa (2017). "BBOXX: solar innovation to light up Togo", ESI Africa, www.esi-africa.com/news/bboxx-solar-innovation-to-light-up-togo/, accessed 13 July 2017.

GSMA (2016a). Mobile for Development Utilities: Unlocking Access to Utility Services: The Transformation Value of Mobile. www.gsma.com/mobilefordevelopment/wp-content/uploads/2016/07/Mobile-for-Development-Utilities-Annual-Report.pdf.

GSMA (2016b). The Mobile Economy: Africa 2016. www.gsmaintelligence.com/research/2016/07/the-mobile-economy-africa-2016/569/.

GSMA (2017a). Global Mobile Money Dataset. www.gsma.com/mobilefordevelopment/programme/mobile-money/global-mobile-money-dataset.

GSMA (2017b). Mobile for Development Utilities: Lessons from the use of mobile in utility pay-as-you-go-models. https://www.gsma.com/mobilefordevelopment/wp-content/uploads/2017/

---

① 参见 www.iea.org/tcp/。

01/Lessons-from-the-use-of-mobile-in-utility-pay-as-you-go-models.pdf.

International Academy of Astronautics (2015). Summit Declaration, Friday 18 September 2015, Mexico City, Mexico. http://iaaweb.org/iaa/Scientific%20Activity/declarationmexico.pdf.

IEA (International Energy Agency) (2017). Energy Access Outlook 2017: From Poverty to Prosperity. World Energy Outlook Special Report.

Kornei, K. (2017). "Satellite quantifies carbon dioxide from coal-fired power plants". Eos, 98, 9 October 2017. https://doi.org/10.1029/2017EO084189.

Lyon Bowley, Sir Arthur (1915). An Elementary Manual of Statistics. P.S. King & Son.

Managi S., Opaluch J.J., Jin D. and Grigalunas T.A., 2004. "Technological change and depletion in offshore oil and gas". Journal of Environmental Economics and Management, 47, pp. 388-409.

Managi S., Opaluch J.J., Jin D. and Grigalunas T.A., 2005. "Technological change and petroleum exploration in the Gulf of Mexico". Energy Policy, 33, pp. 619-632.

Masanet, E., et al. (2017). "Leveraging smart system technologies in national energy data systems: Challenges and opportunities". Energy and Economic Growth State-of-Knowledge Paper Series; working paper.

Sanyal, S. et al. (2016). Stimulating Pay-As-You-Go Energy Access in Kenya and Tanzania: The Role of Development Finance. World Resources Institute. www.gogla.org/sites/default/files/recource_docs/stimulating_pay-as-you-go_energy_access_in_kenya_and_tanzania_the_role_of_development_finance.pdf.

USAID (United States Agency for International Development) (2017). Demographic and Health Surveys Programme; STATcompiler (database), www.statcompiler.com/en/.

Vasconcelos, J. (2017). Chapter [check] in López-Ibor Mayor, Vincente (ed.), Clean Energy Law and Regulation: Climate Change, Energy Union and International Governance. Wildy, Simmonds and Hill Publishing.

Wood Mackenzie (2014). Presentation by William Durbin to the Asia Petrochemical Industry Conference (APIC). 15-16 May, 2014, Thailand. www.woodmac.com/reports/chemical-markets-apic-2014-the-changing-energy-landscape-and-its-impact-on-feedstock-dynamics-for-chemicals-21947039/.

WEF (World Economic Forum) (2017). "These drones can plant 100,000 trees a day", blog 29 June 2017. www.weforum.org/agenda/2017/06/drones-plant-100000-trees-a-day (accessed 9 October 2017).

术 语 表

术语（英文）	术语（中文）	中文释义
3D printing	3D 打印	3D（三维）打印或增材制造是一种通过沉积连续的材料层来构建对象的计算机控制技术
4G	第四代移动通信（标准/技术）	第四代移动通信（技术）接替第三代移动通信技术，为移动设备提供更快的宽带互联网接入，国际电信联盟（ITU）定义的峰值速度要求高移动性通信状态下（如来自火车或者汽车上的通信）为 100 兆比特/秒，在低移动性通信状态下（如行人和固定用户）为 1 吉比特/秒（Gbps）
5G	第五代移动通信（标准/技术）	拟议的第五代移动通信技术，接替目前的 4G 标准。预计 5G 将具有更快的速度、更高的可靠性和安全性，支持联网汽车和物联网等关键技术。预计 5G 将从 2020 年开始部署
Additive manufacturing	增材制造	俗称 3D 打印，参见 3D 打印
ACES	自动化、互联、电气化和共享（车辆和出行）	自动化、互联、电气化和共享（车辆和出行领域）
Active controls	主动控制	指自动化设备或硬件系统，使用传感器（如在建筑中）收集、处理和调整实时数据，并且可以在单一的前端仪表板（如智能手机应用程序或建筑物能源管理系统）实现自动化或管理。主动控制还可以集成并智能地将建筑物能源服务与来自能源网络系统的信息联系起来，从而实现更好的供需管理
Aggregator	集成商	集成商，也称为需求响应供应商，收集各种类型的消费者需求，以及来自可再生能源发电厂等分布式生产商的能源供应，通过在短时间内调整电力需求和/或转移负载为电网提供平衡服务。汇总的负载作为单个灵活的消费单元进行管理，并出售给市场或电网运营商。通过这种方式，集成商提供了大量个体消费者和电力市场/电网运营商之间的接口
Analytics	分析	使用数据来产生有用的信息和见解
Application program interface （API）	应用程序接口	API 是一个命令列表，允许软件程序相互通信并使用彼此的功能
App-based ride hailing	基于应用程序接口的共享出行服务	提前预约的出行服务，使用在线应用程序或平台（如智能手机应用程序），将私家车车主和乘客连接起来。提供此类服务的公司被称为互联网出行公司（TNCs），如优步、Lyft、滴滴出行和 Grab 等

续表

术语（英文）	术语（中文）	中文释义
Artificial intelligence（AI）	人工智能	通过机器，尤其是计算机系统模拟人类智力过程。这些过程包括学习、推理和自我纠正。人工智能的一个子领域或应用是机器学习（参见学习算法）
Automation	自动化	使用各种控制系统，使设备、进程或系统自动运行，基本或完全不需要人力投入
Autonomous vehicle	自动驾驶车辆	通常被称为"无人驾驶"或"自动驾驶"，自动驾驶车辆能够感知其环境并且在没有或最少人为干预的情况下安全高效地行驶。在本书中，"自动驾驶车辆"指的是具有高度自动化水平的车辆，特别是达到美国汽车工程师协会国际标准 J3016 中的 4 级和 5 级
Autonomous closed-loop industrial control	自主闭环工业控制	通过数字仪表和传感器收集系统性能数据，由控制算法确定优化措施，并由数字化系统自动实施
Bandwidth	带宽	可通过网络连接发送的数据量，通常以比特/秒为单位。更大的带宽支持更快的数据传输
Behind the meter	用户侧	电表位于消费者的一侧
Big data	大数据	从各种不同来源收集的大量数据，通常是近乎实时的
Blockchain	区块链	也称为分布式账本技术。一种分布式数据结构，其中事件（如交易）的数字记录被加密并通过密码连接到带有时间戳的"区块"和其他事件
Botnet	僵尸网络	通过互联网运行的自动程序。一些僵尸网络自动运行，其他僵尸网络仅在接收特定输入指令时执行命令。通常用于发送垃圾邮件、拒绝服务攻击或网络诈骗。并非所有僵尸网络都是恶意的
Broadband	宽带	适用于高速电信系统的术语（即能够同时支持多种信息格式，如语音、高速数据服务和视频服务等）
Central Scenario	中心情景	国际能源署中心情景用于描述在现有能源与气候政策以及部分承诺和计划框架下，能源市场和技术进步的发展路径。这一情景基本上与《世界能源展望》新政策情景和《能源技术展望 2017》参考技术情景相一致。该中心情景并不作为一种预测
Cloud computing	云计算	使用托管在互联网上的远程服务器网络来存储、管理和处理数据，而不利用本地服务器或个人计算机
Connected device	互联设备	互联设备也称为联网设备、边缘设备或终端设备，包括可以连接到网络并与网络或其他设备交互的消费电子产品、电器和其他设备等。示例包括智能手机和平板电脑，以及其他消费电子产品、家用电器、机器和物品等（例如，电视机、洗衣机、安保探头、工业设备、汽车、服装）。一些互联设备的主要功能是数据存储或使用（"电子边缘设备"，如智能手机或智能电视），而其他设备的主要功能与数据无关（"其他边缘设备"，如家用电器、照明）（参见物联网）

续表

术语（英文）	术语（中文）	中文释义
Connectivity	互联性	通过数字通信网络在人、设备和机器之间交换数据
Computer emergency response team（CERT）	计算机应急响应小组	该组织致力于确保使用合适的技术和系统管理措施来抵抗对网络系统的网络攻击并控制损害，还可确保在遭受攻击、事故或故障后关键服务的连续性
Curtailment	弃电	由于电网限制或其他原因暂时减少电力供应的做法。例如，当来自这些来源的总供应超过需求时，减少来自波动性可再生能源的电力供应
Critical infrastructure	关键基础设施	一种资产、系统本身或系统的一部分，对维持关键的社会功能至关重要，如一国国民的健康、安全、安保、经济或社会福祉等，无法维持这些社会功能而导致关键基础设施的瓦解或破坏会产生重大的影响
Crypto currency	加密货币	设计用作交换媒介的数字资产，如比特币。加密技术用于安全交易和控制货币的附加单位创建
Cyberspace	电子空间	信息环境中的全球域，由包括互联网在内的信息系统基础设施、电信网络、计算机系统和嵌入式处理器与控制器等相互依存的网络组成
Cybersecurity	网络安全	保护或捍卫网络空间的使用免受网络攻击和网络事件影响的能力，保护网络和基础设施的可用性与完整性，以及其中所含信息的机密性。通常也指可用于执行此操作的保护措施和行为
Cyber incident	网络事件	使用计算机网络实施的行为，导致对信息系统和/或其中的信息产生实际或潜在的不利影响。违反计算机安全策略、可接受的使用策略或标准安全条例或有违反上述策略和条例的风险
Cyber-attack	网络攻击	通过网络空间进行攻击，目的是破坏、禁用、销毁或恶意控制计算环境/基础设施，或窃取受控信息
Cyber-physical systems	网络物理系统	能够感知环境，收集、分析和处理数据，并可以彼此协作或与人类协作的机器。这一系统的特征表现在计算要素和物理要素的紧密结合与协调工作。当前，在航空航天、汽车、化工、民用基础设施、能源、医疗保健、制造、运输、娱乐和消费电器等领域，可以找到网络物理系统的前身，这一代通常被称为嵌入式系统。在嵌入式系统中，重点往往更多地放在计算要素上，而更少地放在计算要素和物理要素之间的紧密联系上
Data and text mining	数据和文本挖掘	在数字环境中进行自动研究，以便从非结构化数据中发现和提取知识
Data protection and data privacy	数据保护和数据隐私	（用）数据保护法律或规则控制"收集、处理或传播可能存在隐私的数据的组织"如何使用个人信息
Data	数据	电子格式信息的子集，允许检索或传输
Data centre	数据中心	设计用于容纳信息技术设备的设施

续表

术语（英文）	术语（中文）	中文释义
Data traffic	数据流量	在网络上传输的数据数量和特征，如数量、时间、数据包大小、内容，也称为网络流量
Demand response	需求响应	需求响应或需求方响应是指消费者在高峰需求期间，当电力供应紧张或电力网络拥挤时，根据基于时间计价的财务激励措施调整其电力消耗的可能性。需求响应可以包括中断短期需求，或者通过减少或转移负载或存储能量来调整一定时间内的需求强度。对于互联设备，需求响应功能可以使电力公司或集成商远程关闭客户家中的空调装置，以避免峰值负载问题
Digital	数字信号	通过表示 0 和 1（二进制码）的一系列编码脉冲传送信息
Digitization	数字转换	模拟信号到数字信号的转换
Digitalization	数字化	数字化描述了数字技术（即信息和通信技术）在整个经济体中越来越多的应用（包括能源领域），以实现预期的结果，如提高安全性、效率和生产力。数据、分析和互联方面的进步带来了更广泛的数字化趋势：由于传感器和数据存储成本的下降、先进分析和计算能力的快速进步，以及更快、更廉价的数据传输连接，数据量不断增加
Digital technologies	数字技术	参见 ICT
Digital twins	数字双胞胎（数字孪生体）	物理资产的数字复制品，可用于模拟和优化工业设计，以及石油和天然气钻探
Distributed energy resources （DER）	分布式能源	小规模能源，如太阳能光伏、风能或电池，在消费点或附近产生或储存电力。分布式能源通常连接到配电网。有时也称为去中心化能源
Drone	无人机	也称为无人驾驶飞行器（UAV），无人机既可以由人远程驾驶，也可以完全自主控制
Edge device	边缘设备	参见互联设备
eGovernment	电子政务	利用信息和通信技术工具和系统为公众与企业提供更好的公共服务
Energy efficiency	能源效率	如果以相同的能源输入提供更多的服务，或者以更少的能源输入提供相同的服务，则能效更高。例如，当发光二极管比紧凑型荧光灯（CFL）或白炽灯使用更少的能量来产生相同量的光照时，发光二极管被认为能效更高
Energy intensity	能源强度	相对于特定指标的总能耗的比较测量，如每单位国内生产总值的一次能源消耗或每平方米的最终能源消耗
Energy management system	能源管理系统	一种基于计算机的系统，用于规定工商业企业的实践、方法和架构，如监控一定范围内的能源消耗并采取措施提高效率，如在工业场地或建筑物内。使用计算机软件和设备硬件（如传感器和主动控制）的建筑物能源管理系统可以监视与控制供暖、制冷、通风和照明系统，以及其他建筑物服务，如火灾和安防系统

续表

术语（英文）	术语（中文）	中文释义
Energy poverty	能源贫困	缺乏现代能源服务。这些服务被定义为家庭获得电力和清洁烹饪设施（例如，不会在房屋内造成空气污染的燃料和炉灶）
Energy saving	能源节约，节能	减少或避免能源使用。能源节约可能来自能效措施（例如，建筑物隔热以减少供暖与制冷负荷），改进的能源管理（例如，使用在设备闲置时自动关闭的传感器）或用户决策（例如，选择骑自行车而不是开车）
Energy security	能源安全	以合理的价格不间断地进行能源供应
Electric vehicle（EV）	电动汽车	电动汽车是指动力系包括电池（可通过外部电源再充电）和电动机的车辆。电动汽车包括纯电动汽车（BEV）、插电式混合动力汽车（PHEV）和燃料电池汽车（FCEV）。纯电动汽车没有内燃机。插电式混合动力汽车结合了电池和内燃机。纯电动汽车和插电式混合动力汽车的充电可以通过插头或（静态或动态）导电或感应电力传输来实现。燃料电池汽车具有混合动力系统，其使用燃料电池（可选择与电池和超级电容器一起使用）和电动机
Firmware	固件	永久软件编程到数字设备的只读存储器中
Flexibility（in electricity systems）	灵活性（在电力系统中）	电力系统在几分钟到几小时的时间范围内以具有成本效益的方式响应供需平衡的向上或向下变化的能力。灵活性通常与系统中可调度发电厂的爬坡能力有关，但它也涉及其他资源，包括储能、需求侧管理和电网基础设施
GW	吉瓦	吉瓦（10亿瓦），1瓦=1焦耳/秒
Hardware	硬件	信息系统的物理组件（参见软件和固件）
Home or building automation	家庭或楼宇自动化	指在房屋或建筑物中集成各种电气设备和耗能设备的系统，允许现场或远程控制。例如，通过互联网访问或根据所选设置自动执行。这种自动化具有方便、节能和安全的好处（参见能源管理系统）
Hyperscale（data centre）	超大规模数据中心	超大规模数据中心是非常高效的大型公共云数据中心，由类似阿里巴巴、亚马逊和谷歌等公司运营
ICT	信息和通信技术	信息和通信技术。在本书中以最广泛的意义（即数字技术）使用，以囊括所有类型的数字设备，如传感器、互联设备、网络设备和基础设施（如数据中心和网络电缆）
Internet of Things（IoT）	物联网	日常物品连接到网络，在汽车、家庭自动化和智能电网等领域提供一系列服务或应用。物联网包括机器到机器互联，指的是设备在没有人员直接参与的情况下交互和共享数据；还包括物品与网络互联，使人们能够远程控制过程或管理他们的设备
Intelligent transport systems（ITS）	智能交通系统	智能交通系统包括使用传感器、通信技术和先进分析来改善系统运行，旨在提高安全性、效率和服务，以及降低成本。智能交通系统的例子包括用于控制交通信号灯的路内探测器，用于自动收取通行费的射频识别，以及用于路边援助的GPS和通信手段

续表

术语（英文）	术语（中文）	中文释义
Internet	互联网	互联网是商业、政府、教育和其他计算机网络的单一、互联的全球系统，它们共享：①互联网架构委员会（IAB）规定的协议套件；②由互联网名称与数字地址分配机构（ICANN）管理的名称和地址空间
Internet Protocol（IP）traffic	互联网协议通信	IP 通信包括固定和移动互联网通信（跨越互联网骨干网的 IP 通信）、企业 IP 广域网（WAN）通信，以及电视和视频点播（VoD）的 IP 传输
Interoperability	互操作性	不同计算机系统或软件交换和利用信息的能力
Last mile	最后一英里	在运输中，"最后一英里"是指旅行或（供应链中）交付的阶段，通常最难解决便利性或成本问题。在交付货物的情景中，从最终交付中心获取货物交付给客户通常是产品运输中最昂贵且效率最低的一环。就乘客（出行）服务而言，该术语指的是从公共交通站点到最终目的地（通常是家庭或工作地点）的不便。在客运方面，有类似的术语："第一英里"，指的是从家到最近公共交通枢纽的行程（以及使这段行程舒适、方便和廉价的困难性）
Learning algorithm	学习算法	从数据集（例如，来自建筑物传感器和控制器）提取模式以识别和调整设备或系统的合适解决方案或应用的过程或方法。示例包括建筑物中的智能温控器，其收集和处理当前楼内人员情况、常规程序和偏好设定等数据以适应建筑能源服务，如照明、供暖、制冷和通风，以便在维持或改善能源服务的同时减少总能量消耗并提高用户舒适度（参见智能控制）
Load	加载	联网设备的网络交互水平会影响其功耗
Low power wide area（LPWA）networks	低功率广域（LPWA）网络	低功率广域网络提供低功耗和广域覆盖，专为提供低数据速率、长电池寿命、低成本的物联网和机器到机器应用而设计
Machine learning	机器学习	机器学习是人工智能的一个子领域，是让计算机在没有明确程序的情况下采取行动的科学。机器可以访问大型数据集并可以自我学习（参见人工智能）
Machine-to-machine（M2M）	机器到机器	机器到机器连接包括能源行业应用，如发电厂的智能电表和过程传感器、物流和车辆的 GPS、智能计量和其他物联网技术
Malware	恶意软件	一种软件（例如，病毒、蠕虫、脚本、僵尸网络或其他基于代码的恶意实体），专门用于扰乱、破坏或未经授权访问信息和通信技术系统
Microgrid	微电网	连接许多家庭或其他消费者的小型电网系统，有时也称为迷你电网

续表

术语（英文）	术语（中文）	中文释义
Mobility as a Service（MaaS）	出行即服务	出行即服务将出行解决方案视作服务消费。通过集成公共和私人、机动和非机动出行选择的平台并提供统一的出行支付平台实现。出行即服务平台允许用户订阅全包式、多模式的"出行套餐"，并访问各种共享出行服务，包括自行车、公共汽车、火车、汽车、出租车和专车服务等。出行即服务通常有别于常规的车辆所有权范式
Network（digital）	网络（数字通信）	一种数字通信结构，允许在两个或多个互联设备之间传输数据或信息；网络可以与其他网络互联并包含子网。有很多不同类型的网络，包括局域网（LAN）和广域网（WAN，如互联网）
Network（electricity or gas）	管网（电力或天然气）	电网或天然气管道
Networked device	联网设备	参见互联设备
Node	节点	一种可以发送、接收或转发信息的电子设备；节点可以是网络设备（如调制解调器）或边缘设备（如数字手持电话、打印机或计算机）
Open data	开放数据	免费和可广泛获取的数据，用于咨询和再利用，包括为商业目的重复使用，以提高透明度和刺激经济活动
Operation and maintenance（O&M）	运营与维护	指设备、公用设施或其他财产（如建筑物和车辆）的监控和维修，以确保运营性能、功能和资产价值。O&M可能包括定期或非定期服务检查和维修，越来越多的连接设备和传感器正被用于监控和预测运维需求（参见预测性维护）
Optical network	光纤网络	光纤网络通过薄玻璃或塑料光纤以光脉冲的形式传输信息，提供比传统铜缆网络高得多的传输容量
Patch	补丁	对操作系统、应用程序或其他软件的更新，专门用于纠正软件的特定问题
Peer-to-peer（P2P）	端到端	在能源方面，将系统用户和市场参与者相互连接以实现直接交易
Phishing /whaling	网络钓鱼/捕鲸	试图通过伪装成值得信赖的通信电子邮件（或其他电子通信）获取敏感信息，如用户名和密码，当用户打开邮件或点击链接时，允许发送者获得访问权
Photovoltaic（PV）	光伏	太阳能发电的主要技术之一。光伏电池直接将太阳能转化为电能，它是一种半导体器件
Physical internet	物理互联网	一个开放的、模块化的和共享的全球物流系统，受到互联网上数据移动的启发，与当今常见的专有物流系统形成鲜明对比。目前，几乎所有的物流服务提供商和运营商都保持专有资产，包括物理资产（如仓库和卡车）和运营资产（如路线、客户和市场信息）

续表

术语(英文)	术语(中文)	中文释义
Platform	平台	软件的一层,结合不同类型的设备、数据和服务,允许其他公司在其上构建自己的产品,如搜索引擎、社交媒体、应用商店、价格比较网站
Platooning	队列安排	队列安排是指在一条线路上驾驶车辆(主要是重型拖车或卡车)的做法,它们之间的间隙很小,以减少阻力,从而在公路运营期间节省燃料。车辆到车辆和车辆到基础设施通信技术可以使卡车以非常近的间距行驶而不会牺牲安全性或机动性
Plug-and-play	即插即用	首次使用或连接时可以正常工作的软件或设备,无须用户进行安装、重新配置或调整
Power	动力,电力	在能源背景下,指电力(如发电厂)
Power purchase agreement(PPA)	电力购买协议	双方之间的财务协议/合同:一方发电,一方寻求购电
Power usage effectiveness(PUE)	电力使用效率(PUE)	衡量数据中心使用能源效率的指标;最好的全球数据中心的 PUE 值约为 1.1(意味着用于 IT 设备每千瓦时的冷却/电力供应为 0.1 千瓦时)
Predictive maintenance	预测性维护	预测性维护是指能够执行有针对性的维护,以便在潜在问题发生或恶化之前进行解决,从而避免损坏或停机。预测性维护基于直接测量组件的实时状态
Prosumers	产消合一者	产消合一者,通常是指小规模的分布式发电,它允许消费者越来越多地选择从零售商处购买电力或自己生产至少一部分电力
Radio-frequency identification(RFID)	射频识别	射频识别使用电信号自动识别和追踪附着在物体上的标签。标签包含电子存储的信息
Ransomware	勒索软件	一种恶意软件,通过加密用户数据,要求受害者支付赎金以获取解密密钥
Real time	实时	信息获取可与活动同时提供,也可在收集后立即提供。信息的获取没有延迟
Rebound effect	回弹效应	在引入提高资源利用效率的新技术或政策后,行为反应或其他系统性反应(例如,在提高能源消耗产品或服务的效率之后增加的能源消耗),而导致的预期收益减少
Ride-sharing	拼车	通过优化设备(如车辆)的尺寸与使用模式的匹配,如与乘客的数量匹配,可以提高提供服务的资源和能量效率
Sandbox	沙箱	一种"安全屋"类型,在行业监管机构的支持下,可以进行特定类型的创新产品、服务和市场机制的试点
Selfconsumption	自给自足	当能源生产者,如光伏发电产生的太阳能,直接消耗或储存在用户侧,而不是将其输入电网

续表

术语（英文）	术语（中文）	中文释义
Sensor	传感器	一种检测或测量来自物理环境的某种输入（如光照、温度、运动或压力）的装置
Server	服务器	服务器是通过网络连接向其他设备提供功能和服务的计算机
Shared mobility	共享出行	一种交通出行策略，使用户能够根据需要短期使用汽车、自行车和其他交通方式。共享出行服务包括共享汽车服务、基于应用程序的共享专车服务（如 LyftLine 和 UberPool）、长途乘车共享平台（如 BlaBlaCar），以及共享单车服务
Simulation	模拟	通过计算来模仿系统对外部事件的动态响应
Smart charging	智能充电	电动汽车的充电策略，使用互联和其他数字技术自动选择电价低或/和整体电力需求低的时候给电池充电
Smart cities	智慧城市	通过战略性地利用信息和通信技术基础设施和应用程序，使城市变得智能，以更好地为公民提供福利。这些可能包括通过减少能源消耗使城市更具可持续性和更环保，更多地利用可再生能源，或提高交通效率
Smart controls（including smart lighting, smart thermostats）	智能控制（包括智能照明、智能温控器）	支持信息和通信技术的设备，如建筑系统控制，可以基于传感器和数据，以及可能使用学习算法以自适应或预测方式做出决策。例如，智能 LED 照明连接到建筑物控制系统并且可以与建筑物控制系统交互，以根据人员存在、日常活动、光照条件预测和控制照明服务
Smart device / appliance	智能设备/电器	支持网络的设备或电器（如洗衣机和电视机），并且具有可发送和接收信息的集成信息与通信功能
Smart grid	智能电网	集成电力系统，使用先进的软件应用和通信网络基础设施，以及先进的传感和监测技术，优化能源供应、需求和传输的管理。智能电网利用信息和通信技术收集数据并采取行动，以协调所有发电机、电网运营商、终端用户、电力市场利益相关方的需求和能力，以尽可能高效地运行系统的所有部分，在最大化系统可靠性、弹性、稳定性的同时，最大限度地降低成本和环境影响
Smart meter	智能电表	一台仪表，以 1 小时或更小的间隔记录电力消耗，并且至少每天将该信息传送回公用事业单位，以进行监控和计费。这种类型的先进计量基础设施不同于传统的自动抄表，因为它可以实现仪表和中央系统之间的双向通信。智能电表功能包括远程读取、双向通信、支持高级资费和支付系统，以及远程禁用和启用电源
Software	软件	计算机使用的程序和其他操作信息
Solar PV	太阳能光伏	参见光伏

续表

术语（英文）	术语（中文）	中文释义
Standardisation	标准化	基于包括企业、消费者、利益方、标准组织和政府在内的各方共识，实施和制定技术标准的过程。标准化有助于最大限度地提高兼容性、互操作性、安全性和可重复性
Standby power	待机功耗	电器或设备在未使用但已准备好快速投入使用时所消耗的功率
Subcritical/supercritical	亚临界/超临界	指燃煤电厂的燃料转换效率。超临界是指那些蒸汽高于临界水参数（221 巴[①]和 374 摄氏度）的热电厂。超超临界通常指那些蒸汽温度高于 593 摄氏度（1100 华氏度）的热电厂
System operator	系统运营商	负责运营部分或全部电力系统的组织。最初仅在高压电网存在，现在低压电网的主动操作也正在出现，以便管理越来越多的分布式（主要是太阳能）发电厂。系统操作与传输和发电资产的所有权完美分开
Recovery（recoverable resources）	可采资源量	石油和天然气的剩余可采资源量包括探明储量、储量增长（已知油田预计储量增加）、尚未发现的资源，这些资源被认为使用现有技术最终能够开采。资源可以定义为技术可采（即可用当前技术生产）或技术和经济可采，这意味着它们可以按当前油价进行开发
Robotics	机器人	机器人是指设计、工程化与使用日益智能的机器及其控制和信息处理系统的一门科学，这些机器可以感知、有目的地行动并自主地执行工作
Test bed	试验台架	在工程中，配备用于在工作条件下测试机器、发动机等仪器的区域
Total final consumption（TFC）	终端能源消耗（TFC）	是不同终端用能行业的能源消耗总和。终端能源消费被分解为以下行业的用能：工业（包括制造业和采矿业）、交通运输业、建筑业（包括住宅和服务业）和其他（包括农业和非能源使用）。它不包括国际海上和航空油耗，但在世界层面的统计中，国际海上和航空油耗被涵盖在交通运输业
Transactive energy	可交易能源	使用经济性和控制技术相结合来提高电网可靠性与效率，特别是在拥有越来越多独立消费者的世界中。经常在小型专业消费者之间以市场为基础的交易背景下进行讨论
Upstream oil and gas	油气上游（行业）	上游行业包括从所有陆上与海上石油和天然气设施（来自传统或非常规储藏）生产石油与天然气，以及收集和加工所生产的碳氢化合物（的行业）

---

① 1 巴=10^5 帕。——译者注

续表

术语（英文）	术语（中文）	中文释义
Unconventional reservoirs	非常规（油气）储藏	非常规储藏包括使用常规钻井技术无法轻易获取的各种石油和天然气资源，其中碳氢化合物赋存于岩石本身，而不是岩层的几何构造中（如传统的结构或地层圈闭）。非常规资源包括超重油和沥青（油砂）、页岩气和煤层气等
Value chain	价值链	完整的活动范围由联网设备与组件制造、软件开发、网络设计、网络架构设计、通信协议开发、技术标准化流程制定和服务供应等环节组成。支持网络的设备价值链横跨计算和电子行业、家电和设备制造行业、媒体和电信行业
Variable renewable energy（VRE）	波动性可再生能源	可再生能源技术，包括太阳能光伏、陆上和海上风电、无储能的太阳能热发电、水力发电，其最大输出功率取决于风能或太阳辐射等可再生能源资源波动的可用性
Virtual power plant	虚拟电厂	一个分散的、小型或中型发电机组的网络，如风电场和太阳能园区，以及灵活的电力消费者和储能电池
Vehicle-to-grid（V2G）	车辆到电网	电动汽车可以从电网获取电力并将电力回供给电网的技术
Web crawling	网络爬虫	一种使用算法自动从网站收集信息的技术（也称为网页采集或网页爬取）
Workload（data centre）	工作负载（数据中心）	在计算中，工作负载是计算机在给定时间执行的处理量
Zettabyte	皆字节	一种数据计量单位，1皆字节相当于10^{21}字节或十亿兆字节

缩 略 词

缩略词	全称	中文释义
ACES	automated, connected, electric and shared	自动化、互联、电气化和共享
AI	artificial intelligence	人工智能
ANSSI	Agence nationale de la sécurité des systèmes d'information（France）	国家信息系统安全局（法国）
API	application program interface	应用程序接口
ASEAN	Association of Southeast Asian Nations	东南亚国家联盟，简称东盟
BEV	battery electric vehicle	纯电动汽车
CAPEX	capital expenditure	资本支出
CBECS	Commercial Buildings Energy Consumption Survey（United States）	商业建筑能耗调查（美国）
CCS	carbon capture and storage	碳捕集与封存
CDA	Connected Devices Alliance	互联设备联盟
CEN-CENELEC	European Committee for Standardization-European Committee for Electrotechnical Standardization	欧洲标准化委员会-欧洲电工标准化委员会
CERT	computer emergency response team	计算机应急响应小组
CFL	compact florescent lamp	紧凑型荧光灯
CNPC	China National Petroleum Corporation	中国石油天然气集团有限公司
CO_2	carbon dioxide	二氧化碳
CRISP	Cybersecurity Risk Information Sharing Program	网络安全风险信息共享计划
DER	distributed energy resources	分布式能源
DOE	Department of Energy（United States）	美国能源部
DoS	Denial of Service	拒绝服务
DSRC	dedicated short-range communications	专用短程通信
EPEAT	Electronic Product Environmental Assessment Tool	电子产品环境评估工具
ESCO	energy service company	能源服务公司
EV	electric vehicle	电动汽车

续表

缩略词	全称	中文释义
FCEV	fuel cell electric vehicle	燃料电池汽车
GCI	Global Cloud Index	全球云指数
GDPR	General Data Protection Regulation（European Union）	通用数据保护条例（欧盟）
GIS	geographical information system	地理信息系统
GPS	global positioning system	全球定位系统
G7	Group of Seven	七国集团
IAC	Industrial Assessment Center（United States）	工业评估中心（美国）
ICT	information and communications technology	信息和通信技术
IEA	International Energy Agency	国际能源署
IEC	International Electrotechnical Commission	国际电工委员会
IEEE	Institute of Electrical and Electronics Engineers	电气和电子工程师协会
IoT	Internet of Things	物联网
IP	Internet Protocol	互联网协议
ISAC	Japan Electricity Information Sharing and Analysis Center	日本电力信息共享与分析中心
ISMS	information security management system	信息安全管理系统
IT	information technology	信息技术
ITS	intelligent transport systems	智能交通系统
ITU	International Telecommunications Union	国际电信联盟
J-CSIP	Cyber Security Information-sharing Partnership of Japan	日本网络安全信息共享合作伙伴关系
LBNL	Lawrence Berkeley National Laboratory	劳伦斯伯克利国家实验室
LED	light-emitting diode	发光二极管
LIDAR	laser-imaging detection and ranging	激光成像检测和测距
Li-Fi	light fidelity	光保真技术（可见光无线通信）
LPWA	low power wide area	低功率广域
MaaS	Mobility as a Service	出行即服务
MAIT	Manufacturers' Association for Information Technology（India）	信息技术制造商协会（印度）
M2M	machine-to-machine	机器到机器
NATO	North Atlantic Treaty Organization	北大西洋公约组织，简称北约

续表

缩略词	全称	中文释义
NEED	National Energy Efficiency Data Framework (United Kingdom)	国家能效数据框架（英国）
NERC	North American Electric Reliability Corporation	北美电力可靠性协会
NIS	Network Information Security Directive (European Union)	网络信息安全指令（欧盟）
NIST	National Institute of Standards and Technology (United States)	国家标准与技术研究院（美国）
NPS	New Policies Scenario	新政策情景
O&M	Operation and maintenance	运营与维护
OECD	Organisation for Economic Co-operation and Development	经济合作与发展组织
OPEX	operating expenditure	运营支出
OT	operational technology	运营技术
PAYG	pay-as-you-go	即付即用
PHEV	plug-in hybrid electric vehicle	插电式混合动力汽车
PoE	Power-over-Ethernet	以太网供电
PPA	power purchase agreement	电力购买协议
PUE	power usage effectiveness	电力使用效率
PV	photovoltaic	光伏
QR	quick response	快速响应码（二维码）
R&D	research and development	研究与开发（研发）
RECS	Residential Energy Consumption Survey (United States)	住宅能耗调查（美国）
RFID	radio-frequency identification	射频识别
RTS	Reference Technology Scenario	参考技术情景
SAE	Society of Automotive Engineers	汽车工程师学会
SCADA	supervisory control and data acquisition	监控与数据采集
UAV	unmanned aerial vehicle	无人驾驶飞行器
V2G	vehicle-to-grid	车辆到电网
V2I	vehicle-to-infrastructure	车辆到基础设施
V2V	vehicle-to-vehicle	车辆到车辆
yr	year	年
3D	three-dimensional	三维

计 量 单 位

缩略词	全称	中文（释义）
bps	bits per second	比特/秒
GB	gigabyte	吉字节（十亿字节）
Gbps	gigabits per second	吉比特/秒
GJ	gigajoule	吉焦耳
GW	gigawatt	吉瓦
h	hour	小时
kW	kilowatt	千瓦
kWh	kilowatt hour	千瓦时
lm/W	lumens per watt	流明/瓦
Mbps	megabits per second	兆比特/秒
Mt	million tonnes	百万吨
m^2	square metre	平方米
PWh	petawatt hour	拍瓦时
toe	tonne of oil equivalent	吨油当量
TWh	terawatt hour	太瓦时
W	watt	瓦